Karlheinz Jacobi • Antonius Bösterling •
Heinz-Dieter Mayer • Heinrich Kuhnhäuser

Gartentipps für drinnen und draußen

Praktischer Rat,
direkt vom Gärtner

KOSMOS

PROF. DR. H.C. GRAF LENNART BERNADOTTE
EHEM. PRÄSIDENT DER
DEUTSCHEN GARTENBAUGESELLSCHAFT 1822 E.V.
VON 1955–1982
GEWIDMET

Graf Lennart Bernadotte hatte im Jahre 1980 die Idee, mit einem Wettbewerb für Hobbygärtner und Blumenfreunde nachahmenswerte Ratschläge aus der Gartenpraxis zu ermitteln. Die originellsten Ratschläge wurden in einer Broschüre veröffentlicht und über 60 000 mal verkauft.

Fünf Jahre später gingen bei einer erneuten Aktion über 3000 Gartenfragen ein. Auch aus ihnen entstanden zwei Broschüren mit den häufigsten Pflanzenfragen und Antworten rund um Haus und Garten.

Diesem kleinen Ratgeber liegt die alte Idee Graf Lennarts zugrunde, Erfahrungen der Menschen mit ihrem Grünen Hobby auszutauschen.
Graf Lennart starb am 21.12.2004 im Alter von 95 Jahren auf seiner geliebten Insel Mainau.

Vorwort

Das Motto der Deutschen Gartenbau-Gesellschaft 1922 e.V. „Gärtnern um des Menschen und um der Natur Willen“ verpflichtet uns, mit der Schöpfung verantwortungsvoll umzugehen. Wir haben das Ziel, die natürliche und soziale Umwelt in Landschaft, Stadt und Dorf, Garten und Haus zu bewahren, zu entwickeln und zu pflegen.
In der Tradition der Deutschen Gartenbaugesellschaft hat die Information über das Gärtnern immer an erster Stelle gestanden. Während die Mitglieder während der Gründung im Jahre 1922 in Berlin in monatlichen Versammlungen und großen Jahresausstellungen

praxisnah ihre Erfahrungen mit neuen Pflanzen austauschten und dies in den Vereinsmitteilungen auch schriftlich weitergaben, hat die Deutsche Gartenbau-Gesellschaft nach ihrer Wiederbegründung im Jahre 1955 eine Fülle von Themen der Gartenkultur auf Gartenfachmessen anschaulich gemacht, auf „Wegen zur Naturerziehung“ der Jugend Grundkenntnisse im Schulgarten vermitteln und viele Fachbroschüren herausgegeben.

Nunmehr haben Gärtner praktische Anleitungen für den Garten drinnen und draußen zusammengestellt. Sie aus mehreren tausend Fragen die häufigsten ausgewertet, die Gartenfreunde auf Gartenmessen und am „Grünen Telefon“ stellen. Ideen und Ratschläge aus der Garenpraxis, die der Deutschen Gartenbau-Gesellschaft als erprobt und bewährt übermittelt wurden, sind sorgfältig ausgewertet worden. So ist ein Nachschlagewerk entstanden, das die häufigsten Pflanzen- und Gartenfragen beantwortet.

Dem Redaktionsteam, allen voran dem bekannten Gartenjournalisten, Diplomgärtner Karlheinz Jacobi (†), sei posthum für die verantwortungsvolle Arbeit gedankt, die den Gärtnern zuhause den Umgang mit der Natur erleichtert. Ich freue mich auch über die Realisierung der von Diplomgärtner Heinrich Kuhnhäuser überarbeiteten Auflage dieses Ratgebers durch das DGG-Team und den Kosmos-Verlag.

Ich hoffe, dass viele Menschen, vor allem Kinder, Freude am Garten – ob Blumentopf, Balkon oder Hausgarten – gewinnen, dass sie Zufriedenheit und Harmonie mit dem Stück Natur erreichen und verantwortlich damit umgehen, denn der Garten ist der Treffpunkt von Mensch und Natur.

Gräfin Sonja Bernadotte, Präsidentin
Deutsche Gartenbau-Gesellschaft 1822 e.V.

Die Autoren

Karlheinz Jacobi (†), Diplomgärtner, entstammt einer Familie, deren Gärtnerei sich über fünf Generationen im Familienbesitz befand. So war er dem Gartenbau aus Tradition und Neigung verbunden. Nach dem Abitur erlernte er den Gärtnerberuf von der Pike auf, legte nach der Lehrzeit die Gärtnergehilfenprüfung und in Berlin das Staatsexamen als Diplomgärtner ab. Nach zwei Jahren wissenschaftlicher Arbeit an der TU Berlin und anschließender, freiberuflicher Tätigkeit bei Funk und Fernsehen (SFB), ging er nach Heidelberg, um dort in einem Verlag das Gartenlektorat zu leiten. Anschließend war er beim Zentralverband Gartenbau (ZVG) in Bonn über sechs Jahre Leiter des Pressereferats, um schließlich zum Hobbygartenbau als Chefredakteur einer bekanten Gartenzeitschrift zurückzukehren.
Er war Verfasser zahlreicher Fachbücher, Kolumnist Europas größter Gartenzeitschrift MEIN SCHÖNER GARTEN und im Rundfunk tätig. Er war Träger der GRÜNEN SCHÜRZE der Insel Mainau und wurde 1986 von den deutschen Journalisten der CMA und dem ZVG zum GÄRTNER DES JAHRES gewählt.

Antonius Bösterling, Diplomgärtner, wurde 1938 in Löningen im Cloppenburger Land geboren und erlernte nach dem Abitur den Gärtnerberuf. Nach dem Abschluss des Studiums an der TU Hannover im Jahre 1968 in der Fachrichtung Naturschutz und Landschaftspflege war Bösterling beim Landkreis Cloppenburg Leider des Amts für Kreisentwicklung. Seine Schwerpunkte waren neben touristischen auch Öffentlichkeitsaufgaben, Landschaftsplanung sowie Dorf- und Stadtbildgestaltung. 20 Jahre lang war er im Rahmen des Wettbewerbs UNSER DORF SOLL SCHÖNER WERDEN in der Dorfberatung engagiert. Er betreute die ländlichen Gärten im Museumsdorf Cloppenburg, Niedersächsisches Freilichtmuseum. Er wurde mit dem HOLZBAUPREIS NORDDEUTSCHLAND 1988 und mit dem BDA-PREIS NIEDERSACHSEN 1988 ausgezeichnet.

Heinz-Dieter Meier, Gärtnermeister, ist ebenfalls Jahrgang 1938 und stammt aus Ulm. Er lernte das Gartenbauhandwerk im Fachbereich TOPF- UND ZIERPFLANZENBAU. Nach Abschluss der Gärtnergehilfenprüfung arbeitete er als gartenbautechnischer Assistent im der Park- und Gartengestaltung auf der Blumeninsel Mainau und als Gärtnermeister wurde er mit der Einrichtung der Botanikinformation auf der Mainau beauftragt. Hierzu zählen neben der Gartenberatung das Grüne Telefon sowie weit reichende Kontakte zu Gartenbauinstituten und Botanischen Gärten in aller Welt. Er hat zahlreiche Gartenstudienreisen für die DGG vorbereitet und geleitet, die seine botanischen und gärtnerischen Kenntnisse weiter vertieften. Er machte sich auch als preisgekrönter Fotograf verschiedener Bücher, Zeitschriften und Kalender einen Namen.

Heinrich Kuhnhäuser, Diplomgärtner, wurde 1929 in Stuttgart geboren.
Nach Abschluss der Schulausbildung erlernte er 1945 den Gärtnerberuf an der Gartenbauschule Hohenheim und wechselte dann an die Fachhochschule für Gartenbau in Weihenstephan. Danach war er als Berater für die Industrie im Bereich Gartenbau und geschäftsführender Direktor beim Landesverband Obstbau, Garten und Landschaft Baden-Württemberg mit über 80 000 Mitgliedern. Während der Verbandstätigkeit war Heinrich Kuhnhäuser verantwortlicher Redakteur der Zeitschrift Obst und Garten und im Präsidium der Deutschen Gartenbau-Gesellschaft.

Inhalt

Blumensträuße 6

Zimmerpflanzen 14

Balkonpflanzen 36

Kübelpflanzen 48

Stauden und Rosen 57

Rasen 68

Bäume und Sträucher 76

Gemüse 85

Obst 102

Adressen 110

Register 116

Die Autoren 120

Blumensträuße

Wie behandelt man einen Blumenstrauß richtig?

Es gibt so ein paar Regeln, die für die meisten Schnittblumen gelten.

Saubere Vasen

Vasen und andere für den Schnittblumenaufenthalt vorgesehene Gefäße sauber auswaschen, am besten mit heißem Wasser ausspülen, nicht mehr und nicht weniger wie Essgeschirr.

Bindemittel kann bleiben

Das Band vom Strauß lösen aber nur wenn die Blütenstiele in der Vase neu arrangiert werden sollen. Andernfalls kann der Bastfaden weiterhin die Blumen zusammenhalten, da er nicht die lebenswichtige Wasseraufnahme verhindert.

Keine Blätter im Wasser

Vor dem Einordnen in die Vase sollten alle Blätter entfernt werden, die ins Wasser hineinragen.

Verdunstung verhindern, überflüssige Blätter entfernen

Außerdem sind einige Blätter von de Blütenstielen abzubrechen oder abzuschneiden, um die lebensverkürzende Verdunstung herabzusetzen. Das gilt vor allem für die Dahlien und Sonnenblumen und Flieder, deren Lebenserwartung umso höher ist, je blattloser sie in die Vase kommen. Schnittgrün kann die Rolle der Blätter übernehmen.

Blütenstiele mit Messer anschneiden

Bevor man sie ins Wasser stellt, die Blütenstiele mit einem scharfen Messer schräg anschneiden und dann sofort in handwarmes Wasser stellen. Keine Schere verwenden, weil damit die Leitungsbahnen der Stängel zugequetscht werden.

Frischhaltemittel

Frischhaltemittel versorgen die Blumen mit Nahrung. Die Haltbarkeit wird um Tage verlängert.

Das Wasser zu erneuern, lohnt sich nur bei gleichzeitigem Anschneiden der Stielenden. Mit Frischhaltemitteln wird der Wasserwechsel völlig überflüssig. Statt das Wasser zu erneuern, sollte man auf den Wasserstand in der Vase achten und regelmäßig Wasser mit Frischhaltemitteln nachfüllen.

Häufiger Wasser erneuern ohne Blumenfrisch

Schnittblumen mögen keine Zugluft und keine direkte Sonne. Sie bleiben länger frisch, wenn sie nachts kühler stehen.

Nachts kühl stellen

Je weniger man Schnittblumen berührt, desto länger bleiben sie frisch. Also nicht unnötig hin- und herschieben oder dauernd neu arrangieren.

Blumen in Ruhe lassen

Wasser ist das Lebenselixier der Schnittblumen, aber wie hoch soll die Vase damit gefüllt sein?

Auch bei Schnittblumen gibt es Unterschiede in der Behandlung und Pflege. So nehmen die Blumen nur durch die Schnittstelle das lebensnotwendige Wasser auf, nicht etwa über den gesamten Stiel. Deshalb empfiehlt es sich, die Stiele anzuschneiden. Das frische Vasenwasser soll lauwarm sein, damit die natürliche Wasseraufnahme optimal ist.

Schnittblumen nehmen Wasser nur über die Schnittstelle des Blütenstiels auf

Weiterhin gilt grundsätzlich: Laubblätter sollten nicht ins Vasenwasser tauchen, da sie schnell faulen, das Wasser verunreinigen und damit die Poren verstopfen. Auch die Tiefe muss beachtet werden. Zum Beispiel Tulpen und vor allem Gerbera und andere weichstielige Blumen lieben nur 2 bis 3 cm Wasserhöhe.

Blätter faulen im Wasser

Um die Wasseraufnahmefläche zu vergrößern, werden verholzte Stängel wie bei Chrysanthemen und Flieder angeritzt, während weichstielige Blütenstängel, wie die der Ranunkeln, Anemonen, Christrosen

Stängel anritzen oder kreuzweise einschneiden

und Alpenveilchen kreuzweise von unten eingeschnitten werden.

Ich habe einen bunten Frühlingsstrauß bekommen. Trotz täglichem Wasserwechsel und Anschneiden bleiben nur die Osterglocken schön. Woran liegt das?

Narzissen alleine in die Vase stellen

Für Narzissen gilt, dass sie frisch angeschnitten nicht mit anderen Blumen zusammen in eine Vase dürfen. Diese Frühlingsblumen scheiden aus den Stielen schleimige Stoffe aus, die sich auf die Haltbarkeit anderer Blüten negativ auswirken. Deshalb stelle man die Narzissen vorher 24 Stunden allein in eine Vase. Dann können sie, natürlich ohne neu angeschnitten zu werden, bei anderen Blumen keinen Schaden anrichten.

Meine Tulpen wachsen in der Vase immer länger und länger. Wie oft kann ich die Stängel kürzen?

Mit dem Messer in den Stängel ritzen

Tulpen wachsen in der Vase weiter und werden durch die Zimmerwärme schnell überlang und hängen herunter. Auch die Blüten öffnen sich in der Wärme des Zimmers, wie bei der warmen Sonne im Garten, sehr schnell und schließen nicht mehr. Dieses kann ich auf einfache Weise verhindern. Man sticht mit der Spitze eines Kartoffelmessers einen Zentimeter unterhalb der Blüte in Längsrichtung (!) in den Stängel. Die Messerspitze sollte ganz, eben durch den Stängel, gestoßen werden. So entsteht ein dünner, ein halber Zentimeter langer Spalt, der den aufsteigenden Druck des Safts entlastet. Die Tulpenblüten klatschen nicht mehr auf und brauchen überhaupt nicht nachgeschnitten zu werden.

Was sind Barbara-Zweige und von welchen Gehölzen werden sie geschnitten?

Am 4. Dezember Blütenzweige schneiden

Viel Licht ist bei diesem „Antreiben" (schreckliches Wort!) von Blütenzweigen nötig. die Zweige werden in einen Eimer gestellt, am besten in die Nähe der Heizkörper. Die mit Blütenknospen besetzten Zweige frühjahrsblühender Gehölze tragen den Namen Barbara-Zweige, weil der 4. Dezember als frühester Termin gilt, an dem sie geschnitten werden dürfen. Nimmt man sie früher ab, dann gelingt es meist nur mühsam oder überhaupt nicht, sie aus der eben begonnenen Winterruhe zu wecken. Sie müssen erst einmal die Kraft des Winters verspürt haben, ehe sie zu neuem Blühen bereit sind. Frost beschleunigt den Antrieb.

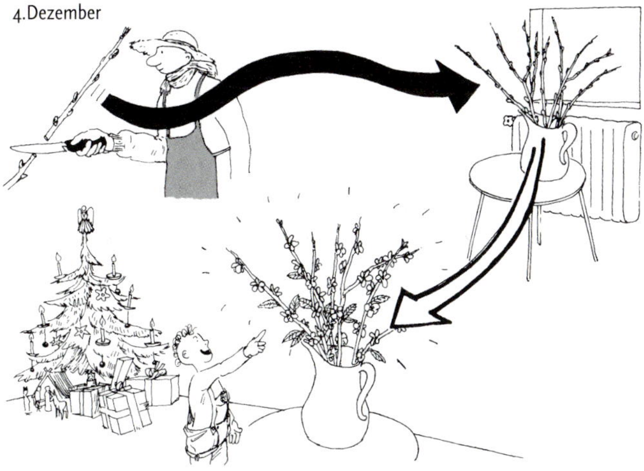

Nur Frühjahrsblüher eignen sich zum Treiben

Barbara-Zweige heißen sie also nicht, weil sie an diesem Tag oder bis zu diesem Tag, sondern weil sie von diesem Tag an bis in das Frühjahr hinein geschnitten werden können. Zum Treiben geeignet sind deshalb auch nur die Zweige, von solchen Gehölzen, die im Frühjahr blühen, also bis zum Triebabschluss im Herbst alle Blütenknospen voll entwickelt haben. Es ist allerdings nicht immer ganz einfach, den Knospen anzusehen, ob sie nun Blüten oder Blätter hervorbringen werden.

Blütenknospen sind dicker als Blattknospen

Als Faustregel kann man sich merken, dass Blütenknospen meistens etwas dicker und weniger spitz sind als Blattknospen. Von den Obstbäumen nimmt man Blütenzweige besonders vorsichtig ab: Jede Blüte könnte ein Apfel oder Pfirsich, eine Birne oder Kirsche werden. Bei Kirschen ist es ein bisschen schwierig zu erkennen, ob die Zweige wirklich blühen werden. Hat aber ein Baum, von dem geschnitten wird, im Vorjahr reichlich geblüht, ist meistens mit Erfolg zu rechnen. Das gilt ebenso für Zier-Kirschen, Zier-Äpfel und Zier-Quitten.

Forsythien blühen willig

Forsythien blühen willig, genauso wie Weidenkätzchen und Haselnusszweige. Ihre Haltbarkeit wird verlängert, wenn man die Zweige häufig mit Wasser besprüht.

Meine Freude über einen hübschen Rosenstrauß war bald dahin, die Blüten ließen nach einem Tag bereits die Köpfe hängen Wie kann ich sie wieder „aufrichten“?

Stängel sehr schräg mit scharfem Messer anschneiden

Es kann schon einmal vorkommen, dass die Schnittrosen die Köpfe hängen lassen. In einem solchen Fall die Rosen herausnehmen, in feuchtes Zeitungspapier fest einwickeln und in einen mit Wasser gefüllten Behälter stellen. Etwa 24 Stunden in einem kühlen Raum stehen lassen und frisch anschneiden. Dazu ein scharfes Messer nehmen, das am Stängel schräg angesetzt wird, damit eine große Schnittfläche entsteht. Eingestellt werden die Rosen in eine Vase mit warmem bis lauwarmen Wasser, dem außerdem ein Frischhaltemittel zugesetzt wird. Die Vase kommt anschließend in einen kühlen Raum.

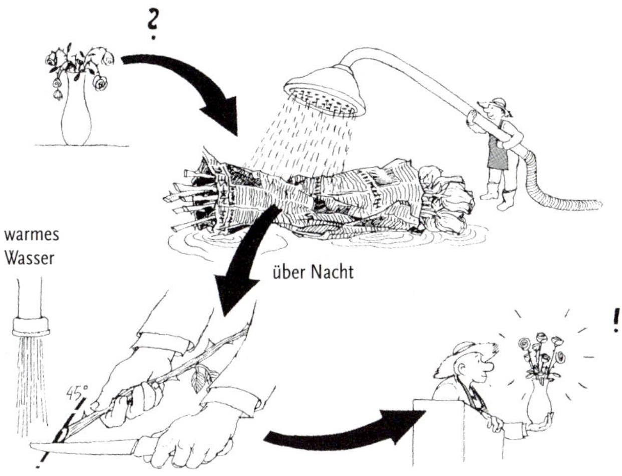

Wenn ich Flieder in eine Vase stelle, fängt er sofort an schlapp zu machen. Wie erhalte ich sein Blüten-Leben?

Fliederstiele kurz in heißes Wasser stellen

Damit sich Flieder in der Vase lange hält, muss er besonders pfleglich behandelt werden. So sind alle Blätter von den Stielen zu entfernen, die man schräg anscheiden und tief ins Wasser stellen sollte. Oder man hält die Stängel einige Sekunden in heißes oder kochendes Wasser, schneidet sie erst dann an, um die Zweige schließlich in einer Vase mit kaltem oder temperiertem Wasser zu ordnen.

Wie schneide ich Blütenstiele von meinem Alpenveilchen ab, und wie behandle ich die Blütenstiele in der Vase?

Alpenveilchenblüten brauchen viel Wasser

Alpenveilchenstiele werden nicht geschnitten, sondern „gezupft", das heißt mit einem kurzen festen Ruck von der Knolle getrennt. Alpenveilchenblüten brauchen viel Wasser. Da genügt ein einfacher Anschnitt nicht. Es empfiehlt sich deshalb zusätzlich mit einer Nadel oder einer Messerspitze die Stielenden kreuzweise anzuritzen. So wird sichergestellt, dass die Alpenveilchen nicht verdursten. Vorsicht mit Frischhaltemitteln: Alpenveilchen mögen sie nicht; ihre Blüten bekommen nach Gebrauch dieser sonst segensreichen Pülverchen einen braunen Rand.

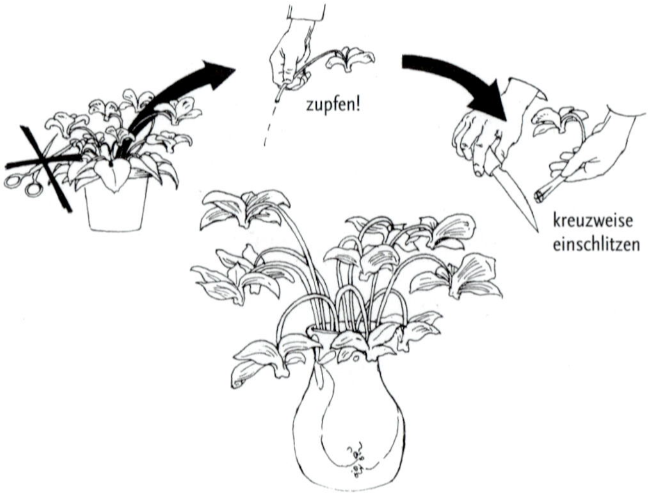

Kann man Blüten konservieren? Wenn ja, wie?

Kieselgel nimmt Wasser aus den Blüten auf

Mit Sträußen aus Trockenblumen kann jeder den häuslichen Blumenschmuck ganz von selbst recht preiswert gestalten. Blüten von Rosen, Rittersporn, Schafgarbe oder Lavendel, die in Vasen oder auf Beeten ihre blühende Pflicht und Schuldigkeit getan haben, sollten getrocknet werden, damit sie dann im Herbst und Winter noch einmal die gute Stube schmücken. Am besten bleibt die Blütenfarbe erhalten, wenn ein Wasser ziehendes Mittel zum Trocknen verwendet wird. Am einfachsten und sichersten geht es mit einem Kieselgel, da es das Wasser aus den Blüten am schnellsten aufnimmt. Als Trockengefäße eignen sich flache Schalen, die mit einem Klebestreifen luftdicht verschlossen werden. Und so wird's gemacht: Zuerst den

Boden mit Kieselgel bedecken, die auf jeden Fall frischen Blumen mit nicht zu langen Stielen hineinlegen, wobei sich natürlich die Länge des Stiels nach der Höhe des Gefäßes richtet, mit reichlich Kieselgel abdecken und verschließen. Für kurzstielige Rosen und Blüten kann man auch Einmachgläser (mit Gummiring und Klammern) verwenden. Da werden die Blumen dann schnell und ganz schön trocken.

Feuchtigkeit durch Kieselsäure des Sandes entziehen

Die Wirkung des Kieselgels wird auch durch Sand (Kies) erreicht. Die Blüten werden in feinen Sand (Vogelsand, Dünensand) gelegt und vorsichtig überdeckt. Im Backofen erhitzt man den Sand auf 37 °C., womit die Feuchtigkeit der Blüten durch die Kieselsäure entzogen wird.

Zimmerpflanzen

Was ist dran an der Geschichte, dass Pflanzen eine „Seele" haben

Pflanzen mit Liebe pflegen

Manche Blumenfreunde haben einen grünen Daumen oder ein Händchen für Zimmer- und Balkonpflanzen. Hinter diesen etwas verschwommenen Begriffen steht die Realität: Diese glücklichen Menschen pflegen ihre Pflanzen mit besonderer und überlegter Sorgfalt – aber auch mit Liebe. Pflanzen merken das und reagieren auf besondere Zuwendung durch gesundes Wachstum und durch eine vermehrte Entwicklung von Blättern und Blüten. Was natürlich kein Ersatz für Wasser, Licht und Dünger ist.

Pflanzen erkennen grobe Menschen

Immerhin scheint erwiesen, dass Pflanzen eine „Seele" haben, da sie beispielsweise zwischen Gut und Böse unterscheiden können. Sie zeigen sich auch erfreut oder erschrocken, was amerikanische Wissenschaftler mit Hilfe eines Lügendetektors festgestellt haben. Dabei ging es zu, wie in einem Krimi: Zwei Gummibäume standen in einem Zimmer. Sechs Männer gingen nacheinander hinein. Einer riss einen Gummibaum aus dem Topf und trampelte darauf herum. Den anderen ließ er ungeschoren Nur diese Pflanze und der Täter wussten, wer der „Mörder" war. Die Wissenschaftler schlossen nun den Lügendetektor an diese grüne Zeugin an und schickten die Männer einzeln wieder ins Zimmer. Als der Täter eintrat, zeigte die unversehrte Pflanze ihre Abscheu, was am Galvanometer deutlich abzulesen war.

Warum wächst eine Pflanze schief zum Fenster?

Pflanzen nicht immer drehen

Alle Pflanzen brauchen neben Wärme, Wasser und Dünger auch Licht. Stehen die Pflanzen vom Fenster weit entfernt, wachsen sie dem Licht entgegen. Selbst regelmäßiges Drehen des Topfes ist keine Lösung und schwächt nur die Pflanzen. Hier hilft nur ein neuer, hellerer Standort. Plötzliches Umstellen zum Beispiel gibt größeren Grünpflanzen einen derartigen Schock, dass sie eingehen können.

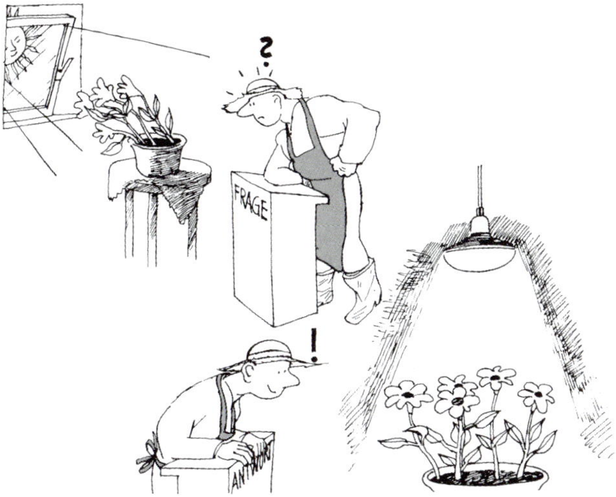

Richtige Pflanzen am richtigen Standort

Will man in einer „dunklen" Ecke Pflanzen aufstellen, muss man spezielle Pflanzenleuchten mit der richtigen Lichtzusammensetzung über dem gewünschten Standort anbringen oder entsprechende Pflanzen mit geringen Lichtansprüchen aufstellen, wie zum Beispiel Farne, Aralie, Bubikopf, Zimmertanne, Alpenveilchen, Efeu und andere.

Wie viel Licht braucht eine Zimmerpflanze?

Auch bei Zimmerpflanzen müssen die Wachstumsfaktoren Licht, Wasser und Wärme in einem ausgewogenen Verhältnis stehen, das heißt für den Winter mit wenig Licht auch wenig Wärme und wenig Wasser. Da aber die meisten Zimmerpflanzen in gut geheizten

Räumen stehen, muss weiter gegossen werden und den Lichtverhältnissen in den dunklen Tagen spezielle Aufmerksamkeit geschenkt werden.

Pflanzen brauchen Licht, keine Sonne

Am einfachsten ist es, die Pflanzen ganz an ein Fenster zu stellen, nicht aber in die Sonne! Oder aber für zusätzliches Licht durch Speziallampen zu sorgen. Das Licht vom Fenster nimmt in erstaunlichem Maße ab. Den Beweis kann jeder Fotoamateur mit Hilfe seines Belichtungsmessers erbringen: Filmempfindlichkeit auf 18 DIN und die Blende auf 2,8 stellen. Jetzt den Belichtungsmesser in Pflanzenhöhe in Richtung des einfallenden Lichtes halten, die angezeigten Verschlusszeiten geben dann über den Lichtwert Auskunft: 500 Lux gelten als Minimum für alle Pflanzen:

500 Lux gelten als Minimum

1/30 sec = 250 Lux
1/60 sec = 470 Lux
1/125 sec = 1220 Lux
1/250 sec = 2300 Lux

Übrigens die weiteste Entfernung für wenig Lichtbedürfnisse sollte 3 m vom Fenster sein. Der Lichtbedarf der meisten Zimmerpflanzen liegt zwischen 500 und 3000 Lux.
Beispiele: bei 500 bis 800 Lux gedeihen Gummibaum, Fensterblatt und Usambaraveilchen.

Etwa 1000 Lux brauchen Dieffenbachien, Birkenfeige und Drachenbäume.

1000 Lux für Birkenfeigen

Wann ist die beste Umtopfzeit für Zimmerpflanzen und wie macht man es richtig?

Umtopfen im Frühjahr alle 2 bis 3 Jahre

Die beste Zeit zum Umtopfen ist das Frühjahr, in der Regel nach der individuellen Ruhepause, aber es kann schon mal passieren, dass im Sommer die Wurzeln aus dem Topf herauswachsen und die Pflanze dringend ein größeres Gefäß braucht.
Die Pflanze wird auch dann umgetopft, wenn die Erde sauer riecht und Wurzelschäden zu befürchten sind. Harmlos ist Schimmelbildung und Algenbesatz an der Oberfläche der Topferde. Die Oberfläche auflockern tut der Pflanze gut und lässt den Belag verschwinden.

Am besten ist ein Tontopf

Beim Umtopfen geht man folgendermaßen vor: Die Pflanze angießen, damit der Wurzelballen nicht auseinander fällt. Den Ballen durch anschlagen der Topfkante aus dem Topf lösen, bei zu starken Wurzelballen den Topf zerschlagen (Tontopf) oder zerschneiden (Kunststoff) – lieber einen kaputten Topf als eine kaputte Pflanze!

Es gibt Blumenerde für Grünpflanzen, Blütenpflanzen und Sonderkulturen

Der neue Topf sollte höchstens 2 bis 3 cm im Durchmesser größer als der alte sein, sonst dauert es lange, bis die Pflanzenwurzeln wieder Fuß an der Topfwand fassen. Bei Zierspargel und Grünlilie kann der Wurzelballen bis um die Hälfte verkleinert werden. Vorher in das Gefäß Topfscherben oder Tonkügelchen (Hydrokultur) als Drainage hineingeben dann vom Wurzelballen die alte Erde vorsichtig unter größter Schonung der Wurzeln abkratzen und so tief – unter Auffüllung von neuer Blumenerde einsetzen, wie sie vorher im alten Topf gestanden hat. Dabei darf ein Gießrand von 1 cm nicht vergessen werden – und schließlich gut angießen. Nach dem Umtopfen die Pflanzen nicht zu stark gießen und nicht direkt in die Sonne stellen. Düngen erst nach 6 Wochen. Je nach Wachstum bekommen die Zimmerpflanzen nur alle 2 bis 3 Jahre einen größeren Topf, ältere Pflanzen müssen nicht so häufig umgetopft werden.

Wie kann man Pflanzen die in Erde gezogen wurden, auf Hydrokultur umstellen?

Früher hat man diese Umstellung mit mehr oder weniger Erfolg vollzogen. Mittlerweile hat die Hydrokultur eine große Menge Blatt- und Blütenpflanzen zu bieten, die von klein auf als Hydropflanze gezogen wurden.

Umstellen auf Wasserkultur nur bei kleinen Pflanzen möglich

Das Umstellen von Erd- auf Wasserkultur bringt große hygienische Probleme mit sich, weil manche Erdreste trotz größter Sorgfalt beim Auswaschen der Wurzeln darin hängen bleiben und sich bei der Weiterkultur negativ auswirken können. Größere Pflanzen machen die Umstellung auf Wasser ohnehin nicht mit.

Erdwurzeln sind anders ausgebildet als Wasserwurzeln

Die Wurzeln müssen sich völlig neu bilden, denn Erdwurzeln sind anders ausgebildet als Wasserwurzeln. Man muss sich also mit kleinen Pflanzen begnügen.
Unser Spezial-Tipp hierzu wäre: Stecklinge von alten Pflanzen in ein Wasserglas stellen und hier Wurzeln machen lassen, diese dann in Gittertöpfe (Hydrokultur-Einsatztöpfe) mit Blähton umgeben und so später in jedes Hydrokulturgefäß setzen. Alles gibt es einzeln und in verschiedenen Größen in Gartenfachgeschäften.

Wie heißen die Tierchen, die beim Pflanzengießen auf der Erde herumspringen?

Springschwänze lieben feuchte Erde

Die auf der Erdoberfläche springenden, etwa 2 bis 4 mm großen Springschwänze, auch Collembolen genannt, sind an für sich ganz harmlose Tierchen, die von organischen Stoffen leben, wie sie zum Beispiel bei der Umwandlung von Humusbestandteilen in der Erde entstehen. Sie sind jedoch immer ein Zeichen von zu großer Erdfeuchtigkeit. Es genügt, die Pflanzen trockener zu halten oder die Oberfläche mit Sand zu bedecken, ein Pflanzenschutzmittel wird nicht gebraucht.

Zum Geburtstag habe ich eine wunderschöne Pflanzenschale bekommen, kann ich die Pflanzen in der Schale zusammen weiterpflegen?

Pflanzen mit verschiedenen Lebensansprüchen trennen

Blumenschalen werden gern verschenkt. Sie sehen toll aus, wie kleine, blühende Landschaften, die für Farbe in der Guten Stube sorgen. Ein kritischer Blick aber ist angebracht: Die Pflanzen in einem Gefäß müssen zueinander passen, sollten sich nicht gegenseitig bedrängen und die gleichen Lebensansprüche stellen. So gehören Azaleen und Hortensien, die mit reichlich Feuchtigkeit versorgt werden müssen, nicht in die gleiche Schale mit Trockenheit liebenden Pflanzen wie Bromelien, Sukkulenten, Sansevierien und allen Gewächsen, für die im Winter Ruhezeit-Regeln mit weniger Wasser gelten.
Wer also eine Schale geschenkt bekommt sollte den Inhalt daraufhin kontrollieren und auch darauf achten, dass die Pflanzen nicht zu eng stehen. Das passiert, wenn versucht wird, eine besonders repräsentative Blumenschale zusammenzustellen. Dann heißt es, nichts wie raus mit einigen, offensichtlich unter

der drangvollen Enge leidenden Pflanzen. Die kommen dann in einzelne Tontöpfe.

Soll ich meine Topfpflanzen mit Regen- oder Leitungswasser gießen?

Regenwasser ist oft verunreinigt und überdüngt

Regenwasser ist auch nicht mehr das, was es früher einmal war! Durch die starke Luftverschmutzung ist es oft verunreinigt und nur noch unter bestimmten Umständen zum Gießen zu empfehlen. Kenner fangen das Regenwasser erst auf, wenn es bereits eine Viertelstunde geregnet hat. Dann ist das Regenwasser wieder sauber.

Leitungswasser abstehen lassen

Leitungswasser sollte man immer lauwarm beziehungsweise abgestanden (12 Stunden) verwenden, dann nämlich verflüchtigen sich die unerwünschten gasförmigen Zusätze, und der oft schädliche Kalk setzt sich am Boden ab.

Abgekochtes Wasser ist kalkarm

Bei allen Moorbeetpflanzen wie Azaleen, Hortensien und Kamelien sollte die Verwendung von abgekochtem Wasser Vorschrift sein, auf Kalk reagieren diese Säure liebenden Pflanzen „sauer“, vergilben und werfen Blätter ab.

Was mache ich nur mit meinen Zimmerpflanzen im Urlaub? Die Sache mit der Wasserversorgung mit Hilfe von Wollfäden ist völlig schiefgegangen.

Das Beste für die Urlaubsversorgung der Zimmerpflanzen sind Omis oder pflanzenfreundliche Nachbarn. Damit die Fürsorge nicht in Arbeit ausartet, sollten wir bestimmte Vorkehrungen treffen. Dabei gibt es einige Grundregeln zu beachten: So brauchen während unserer Abwesenheit Gummibäume, Usambaraveilchen und alle anderen Gewächse genauso viel Licht wie sonst. Also: Nicht etwa die Wohnung drei Wochen verdunkeln. Außerdem dürfen die Pflanzen nicht in der prallen Sonne stehen und auf keinen Fall während der Abwesenheit auf den Balkon gestellt werden. Dort nämlich nehmen die Blätter eine unansehnliche, braune Farbe an, was kaum jemand wünschen wird.

Das Beste für die Urlaubsversorgung der Zimmerpflanzen sind Omis oder pflanzenfreundliche Nachbarn

Probleme gibt es aber vor allem mit dem Gießen. Zu empfehlen sind deshalb Tränkeautomaten, die aus kleinen Tonkegeln bestehen können, die mit einem dünnen Wasserschlauch verbunden sind. Bei den so genannten Wasserspendern werden die Pflanzen über einen Docht mit Wasser versorgt. Unten in das Was-

Tränkeautomaten mit Wasserschlauch oder Docht

serabzugsloch wird der Docht eingeführt, der für die Pflanze das Wasser aus einem darunter stehenden Gefäß, es kann auch ein Übertopf sein, aufsaugt. Es empfiehlt sich, die „Automatik“ vor der Abreise zu überprüfen.

Wie kann ich die Luftfeuchtigkeit im Wohnzimmer erhöhen?

Wasserschalen auf Heizkörpern

Das kann durch spezielle, an den Heizkörpern angebrachte Wasserverdampfer oder freistehende Wasserschalen oder Luftbefeuchtungsgeräte geschehen, de-

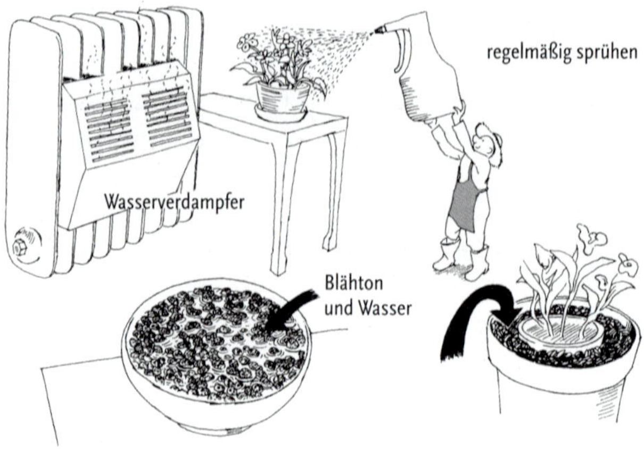

Pflanzen mit Wassersprüher benebeln

ren Feuchtigkeitsabgabe auch den Menschen gut tun. Die Pflanze selbst kann man mit einem Wäschesprüher oder Drucksprayer ein- bis zweimal am Tag befeuchten. Pflanzen mit behaarten Blättern (Usambaraveilchen) dürfen nicht besprüht werden.

Zusammengerückte Pflanzen versorgen sich mit Luftfeuchtigkeit

Hübsche Schalen mit Wasser und Blähton gefüllt, sorgen auch für feuchte Luft in Pflanzennähe. Für den Winter, aber auch für die Urlaubszeit empfiehlt es sich, den Blumentopf in einen 5 cm größeren Übertopf zu stellen und die Zwischenräume mit feuchten Torf oder Moos aufzufüllen. Viel hübscher sehen die Zimmerspringbrunnen aus oder Felsbrocken, über die mit Hilfe einer Umwälzpumpe unaufhörlich Wasser rinnt. Pflanzen, die zu mehreren zusammenstehen, versorgen sich selber mit genügend Luftfeuchtigkeit.

Darf man Zimmerpflanzen im Schlafzimmer halten?

Vorurteile haben ein langes Leben. So heißt es, dass Pflanzen nicht ins Schlafzimmer gehören, weil Palmen und Gummibäume, so meinen Abergläubige, uns um die wohlverdiente Ruhe brächten, Alpenveilchen wären sogar schädlich. Was für ein blühender Blödsinn, denn genau das Gegenteil ist der Fall.

Pflanzen erzeugen Sauerstoff

Pflanzen erzeugen den ganzen Tag Sauerstoff, sorgen also für ständige Verbesserung der Atemluft und nebenbei für Luftfeuchtigkeit. Mediziner weisen daraufhin, dass eine sauerstoffreiche Luft im Schlafzimmer besonders wichtig ist. Während des Schlafens sind nämlich alle wichtigen Körperfunktionen herabgesetzt, wobei auch die Atmung flacher und langsamer wird. Ausreichend Sauerstoff, so fordern die Mediziner, muss deshalb ständig in die Lungen. Man weiß ja, dass ein schlecht gelüftetes Schlafgemach die Nachtruhe ganz schön beeinträchtigt. Wird außerdem noch geheizt kann es zu spürbaren Sauerstoffmangel kommen. Die Folgen: Kopfschmerzen, Schwindelgefühle und Mattigkeit.

Große Grünpflanzen im Schlafzimmer sorgen für mehr Lebensqualität

Eine Möglichkeit der Selbsthilfe wäre: Pflanzen ins Schlafzimmer stellen, weil vor allem großblättrige Grünpflanzen, die von den Menschen ausgeatmetes Kohlendioxid aufnehmen und dafür einen, frischen Sauerstoff abgeben. Eine klare Chance für eine bessere Lebensqualität. Hinzu kommt, dass die Zahl der Zimmerpflanzen größer wird und damit die Freude an allem, was da so grünt und blüht. Außerdem fühlen sich in dem meist kühlen Ruheraum viele Pflanzen wohler als in der gemütlich-warmen guten Stube.

Warum „vergrünen“ buntlaubige Zimmerpflanzen?

Buntlaubige Pflanzen am Fenster aufstellen

Meist deutet das auf Lichtmangel hin, nur selten auf Stickstoffmangel. Also, die Pflanzen vor allem im Herbst und Winter näher am Fenster aufstellen oder eine zusätzliche Lichtquelle mit Spezialleuchten für Pflanzen über dem Standort anbringen. Auch ständige, übergroße Nässe kann durch pflanzenphysiologische Störungen zu „grünen“ Blättern führen.

Die Alpenveilchen wollen bei mir nicht gedeihen, was mache ich falsch?

Alpenveilchen lieben Temperaturen unter 15 °C

Das Alpenveilchen ist eine kühle Schönheit, es liebt Temperaturen unter 15 °C und einen recht hellen Platz am Fenster. Besonders gut wächst es in einer hellen Diele oder im Schlafzimmer.
Wer Alpenveilchen im Wohnzimmer blühen lassen möchte, der gewöhne sie langsam an höhere Temperaturen. Also zuerst an einen kühleren Platz stellen.

Und dann erst an einen „wärmeren“ Standort. Die Pflanze sollte in jedem Fall möglichst weit entfernt vom nächsten Heizkörper aufgestellt werden, aber vor einem Fenster im Osten, nicht vor dem Sonnenfenster. Wichtig ist auch: gleichmäßig und vorsichtig gießen, überschüssiges Wasser aus Untersetzern nach einer Weile entfernen, während der Wachstums- und Blütezeit alle 14 Tage mit einem phosphathaltigen Dünger düngen.

Wie soll ich mein Alpenveilchen gießen, von oben oder von unten?

Alpenveilchen nie ins Herz gießen

Alpenveilchen sollen möglichst von unten, das heißt über den Untersetzer oder in den Übertopf gegossen werden. Das hat gute Gründe: Selbst beim vorsichtigen Gießen von oben kann es passieren, dass das „Alpenveilchenherz“, bestehend aus jungen Blatt-Trieben und Knospen auf der Mitte der Knolle, nass wird und zu faulen beginnt. Die Knolle kann unten Wasser vertragen. Beim Gießen nur abgestandenes, zimmerwarmes Wasser verwenden.

1 x wöchentlich in Wasser tauchen

Bitte achten Sie darauf, dass das Wasser nie länger als zwei Stunden im Untersatz steht. Nicht vergessen: das meist in den Wintermonaten blühende Alpenveilchen braucht in warmen Zimmern mehr Feuchtigkeit. Den Topf möglichst einmal wöchentlich in einen Eimer mit lauwarmem Wasser tauchen, bis die Erde das Wasser aufgenommen hat und keine Luftblasen mehr aufsteigen.

Warum lässt der Gummibaum die Blätter hängen?

Gummibaum nie unter 18 °C, er mag auch keine nassen Füße

Grund dafür kann sein, dass die Temperaturen zu niedrig sind. Der Gummibaum hat es gern warm. Zimmertemperaturen unter 18 °C verträgt er nicht. Auch „nasse Füße" schaden wie zu starkes Gießen. Zugluft und zu häufiger Standortwechsel können außerdem Grund dafür sein, dass der Gummibaum kränkelt. Er braucht zudem viel Licht, verträgt aber keine pralle Sonne. Wichtig: Die Ruhezeit im Winterhalbjahr (Oktober bis Februar) muss unbedingt beim Düngen beachtet werden.

Mein Gliederkaktus wirft einen Teil seiner Glieder ab, was mache ich falsch?

In der Ruhezeit nicht gießen

Gliederkakteen brauchen, wie alle Kakteen und anderen Sukkulenten, lange Ruhezeiten. Das Abwerfen der Glieder ist so gut wie ausschließlich auf zu viel Feuchtigkeit zurückzuführen. Ein Kaktus braucht erheblich weniger Wasser als eine Azalee.

Normalerweise blühen Gliederkakteen um die Weihnachtszeit oder um Ostern. Das bedeutet: Mindestens vier Wochen nach der Blüte keinen Tropfen Wasser geben, dann regelmäßig gießen und düngen, anschließend beginnt die zweite, etwa sechswöchige Ruhezeit vor der Blüte im September (Weihnachtskaktus) oder Januar (Osterkaktus). Die „Blätter" (Glieder) können dabei schrumpelig werden und sich verfärben. Bald zeigen sich dann die runden Blütenknospen an den Triebenden.

Warum hat mein Usambaraveilchen marmorierte Blätter?

Die marmorierten Blätter sind keine Mutationen oder Variationen, sondern Pflegefehler.
Die Blätter der Pflanzen wurden bei Sonnenschein mit Wasser benetzt. Die einzelnen Wassertropfen wirken, von der Sonne beschienen, wie ein Brennglas und zerstören das Blattgrün (Chlorophyll). Der Schaden lässt sich nicht wieder beheben.

Pflanzen mit behaarten Blättern nicht besprühen

Grundsätzlich sollten Pflanzen mit behaarten Blättern, die sich damit vor der Sonne schützen, über einen Untersatz mit Wasser versorgt werden. Die Pflanzen dürfen auch nicht besprüht werden.

Warum wirft die Dieffenbachie von unten her die Blätter ab?

Dieffenbachie nie unter 20 °C

Bei Temperaturen unter 18 °C und in trockenen, zentral beheizten Räumen reagiert sie mit dem Abwerfen ihrer Blätter. Die Dieffenbachie benötigt nämlich mindestens 20 °C Raumtemperatur und eine Luftfeuchtigkeit von 60 %. Sonst verkahlt sie immer mehr und muss dann rigoros zurückgeschnitten werden. Der hier austretende Saftstrom muss mit warmem Wasser, das man wie beim Gummibaum auf die Schnittfläche tupft, gestoppt werden.

Mit Stammstücken vermehren

Aus den Stammstücken, die man auf etwa 5 cm Länge schneidet, kann man übrigens neue Pflanzen ziehen. Man drückt diese Stammstücke mit je einem Auge (Knospe) waagerecht ganz leicht in die Vermehrungserde (Anzuchterde) ein. Bei hohen Bodentemperaturen bewurzeln sie sich bald.
Die alte Pflanze treibt natürlich mit mehreren Trieben wieder aus. Vorsicht: Der Pflanzensaft ist äußerst giftig und führt zu Hautreizungen, immer Gummihandschuhe tragen!

Meine Zimmerpflanzen haben Läuse, was kann ich tun?

Bei Läusen abtauchen

Wenn Ihre Zimmerpflanzen stark „verlaust" sind, versuchen Sie eine Bekämpfung durch ein Tauchbad. Kopfüber in einen Eimer mit 25 °C warmem Wasser und einigen Tropfen Spülmittel gestülpt, bleibt die Pflanze eine halbe bis eine Stunde unter Wasser. Dies dürfte dann auch der letzten Laus die Luft nehmen. Um die Pflanze nicht halten zu müssen, legen Sie zwei Holzstäbchen zwischen Eimerrand und Pflanztopf. Eventuell muss man die Prozedur nach einigen Tagen wiederholen.

Kann ich Orchideen im Zimmer halten?

Orchideen sind unempfindlich, bewährte Zuchtformen nehmen

Orchideen sind weitaus unempfindlichere Pflanzen als man denkt. Wir meinen, dass Orchideen sogar zu den Zimmerpflanzen der Zukunft gehören. Nur sind nicht alle Arten und Sorten gleich gut geeignet. Mittlerweile gibt es viele farbenprächtige Sorten, speziell für die Kultur im Zimmer. Ihre Bewährungsprobe haben aber so viele Orchideenarten schon bestanden, dass man mehrere Zimmerfenster brauchen würde, um sie alle unterzubringen. Und das Gute ist, sie sind bei Spezialgärtnereien auch erhältlich. Niemand braucht sich ein tropisches Blumenfenster mit technischem Zubehör wie Luftbefeuchter und Spezialheizung einzubauen. Der Unterschied zur Pflege anderer Zimmerpflanzen besteht darin, dass die im Urwald auf Bäumen sitzenden Orchideen in einem Pflanzstoff leben, der aus Torfmoos (Sphagnum), Farnwurzeln, Styromull und anderem luftdurchlässige Material besteht. Die heikle Düngerfrage ist heute gelöst, man verwendet spezielle Flüssigdünger, die auch für Kakteen verwendet werden. Das luftdurchlässige Substrat weist darauf hin, dass die Pflanzen eher weniger Wasser benötigen. Erdorchideen benötigen allerdings ein festeres Erdsubstrat.

Welche Ansprüche haben Azaleen?

Azaleen nie über 12 °C

Die Azalee liebt kühle und frische Luft und lässt in einem gut geheizten Zimmer bald ihre Blüten hängen; deshalb dürfen die Temperaturen nie über 12 °C ansteigen. Wachstum und Blüte unserer „kühlen Schönheit“ sind auch vom Gießen und von der Beschaffenheit des Gießwassers abhängig. Da sie in einer sehr lockeren, sehr durchlässigen, sauren Spezialerde, bestehend aus Heide-, Nadel- oder Moorbeeterde mit Sandzusatz lebt, sind ihre Wasseransprüche auch bei kühlem Standort überaus hoch.

Azaleen eher mehr als zuwenig Wasser geben

Wir müssen darauf achten, dass die stets durstige Azalee, vor allem in der Blütezeit, niemals unter Wassermangel leidet. Im Gegensatz zu anderen Zimmerpflanzen ist bei der Azalee nie ein Zuviel, aber immer ein Zuwenig an Wasser von Übel, das sie durch Vertrocknen und Abfallen der Blätter anzeigt. Sogar das sonst so verpönte Fußbad macht der Azalee keinen Kummer, sondern sorgt für einen geregelten Wasserhaushalt.

Wer Azaleenkümmernissen aus dem Wege gehen will, der gieße ausschließlich mit kalkfreiem, auf jeden Fall abgestandenem, noch besser abgekochtem Wasser. Auch die Düngung – nach der Blüte bis Ende Juli – sollte nur mit kalkfreien Düngemitteln vorgenommen werden; man verabreiche deshalb die bei der erdelosen Pflanzenzucht (Hydrokultur) verwendeten und entsprechend zusammengesetzten Vollnährsalze. Wenn keine Spezialerde erhältlich ist, kann auch mit Torf vermischte Beutelerde für das jährliche Umtopfen genommen werden.

Azaleen kann man überwintern

Für eine sorgsame Pflege nach der Blüte bedankt sich die Azalee durch eine blühende „Wiederauferstehung“ im nächsten Winter. Bis Ende Mai bleibt sie an ihrem kühlen Plätzchen, die abgeblühten Blütenstände werden entfernt, und nach den Eisheiligen geht's hinaus in die frische Frühlingsluft. Hier im Garten oder auf dem Balkon suchen wir ihr einen halbschattigen Standort, wo sie bis zum Oktober in der Sommerfrische ausharrt; dann bezieht sie zuerst ein kühles, immer aber helles Winterquartier. Vier bis sechs Wochen sollten die Azaleen jetzt in einem mäßig oder gar nicht geheizten Zimmer stehen. Erst nach dieser Eingewöhnung dürfen die in ein warmes Zimmer. Würde man sie gleich vom Garten ins warme Haus holen, würden sie durch die Temperaturumstellung viele Blätter abwerfen.

Wie bringt man eine Amaryllis zum Blühen?

Anzucht von Amaryllis gelingt immer

Die Zwiebeln setzt man bei Temperaturen von 20 bis 23 °C, also normalen Zimmertemperaturen, einzeln in saubere Tontöpfe, die nicht viel größer sind als die Zwiebeln; eine Faustregel besagt, dass die Entfernung zwischen Zwiebel und Topfrand nur einen Daumenbreit betragen soll.

Gepflanzt werden die Zwiebeln am besten in so genannte Anzuchterde oder eine andere abgepackte Blumenerde. Um den Wasserabzug zu sichern (was wichtig ist), legt man zwei Finger hoch Tonscherben unten in den Blumentopf.

Tontöpfe sind Behältern aus Kunststoff vorzuziehen, da sie auch standfester sind. Bei schweren Blüten kann das ein großer Vorteil sein. Die Zwiebel muss unbedingt zu einem Drittel, besser bis zur Hälfte aus der Erde Herausschauen. Nie tiefer pflanzen, sonst gibt es nur Blätter und keine Blüten. Gleich nach dem Einpflanzen Wasser geben. Um das Wachstum zu fördern, kann der Topf auf einen Untersetzer gestellt werden, der zur Hälfte mit lauwarmem Wasser gefüllt ist. Das Wasser wird immer so nachgefüllt, dass der Topfballen gerade eben feucht bleibt. Bald erscheinen die Blütenknospen aus der Mitte der Zwiebel, aus der später auch die Blätter herauskommen. Manchmal erscheinen die Blätter gleichzeitig mit der Blüte.

Die Kakteen sind mein ganzer Stolz. Leider blühen sie nicht. Wie kriege ich sie dazu, dass sie wieder Blüten hervorbringen?

Wahr ist, dass manche Kakteenarten erst nach Jahren und einige in unseren Breiten überhaupt nicht blühen. Aber das bleibt die Ausnahme. Bei allen anderen, die schon einmal geblüht haben, darf wieder mit Blüten gerechnet werden, wenn man diese einfachen Regeln beherzigt:

Kakteen hell stellen

Kakteen wollen den sonnigsten und hellsten Platz im Zimmer; nur an sehr heißen Sommertagen brauchen auch sie etwas Schatten.

Kakteen brauchen eine Ruhezeit von Oktober bis Februar

Sie wünschen eine Ruhezeit von Oktober bis Februar, in der Wasser nur tröpfchenweise gegeben wird, und die Temperatur 10 °C möglichst nicht überschreiten soll. Im Frühjahr werden die Kakteen mit einem Wasserzerstäuber vorsichtig aus dem Winterschlaf geweckt. Später jede Woche gießen, stets aber mit wenig Wasser, vor allem dann, wenn sie in Kunststofftöpfen wachsen, durch die kein Wasser verdunstet. Etwa alle drei Jahre in Spezialkakteenerde umtopfen je nach Wachstum dürfen die Töpfe jeweils um 2 bis 3 cm größer sein.

Weshalb bleiben die Blüten meiner Klivie auf halber Höhe sitzen oder teilweise sogar ganz aus?

Klivien haben Renaissance

Die Klivien sind wegen ihres robusten Wachstums beliebt und oft über Jahre in einer Familie, die sie durch stetes jährliches Blühen erfreut.

Klivien brauchen Licht

Allerdings, wenn sie zu weit vom Fenster entfernt steht, bleibt die Blüte aus oder bleibt zwischen den großen Blättern sitzen. Aber auch plötzlicher Wechsel der Standortbedingungen, zum Beispiel das Drehen der Pflanze um 180 °, auch Trockenzeit oder ein Kälteschock kann die Ursache sein, dass die Blüten sich nicht entfalten.

Von September bis Januar liebt sie eine Ruhezeit bei kühlem Stand (bis höchstens 15 °C) und wenig Wasser. Danach stellt man sie wieder wärmer, steigert die Wassergaben und beginnt mit dem Gießen und Düngen. Dann wird sich die Blüte bald aus den Blättern erheben. Wird keine Ruhezeit gewährt oder zu wenig gegossen, bleibt die Blüte zwischen den Blättern stecken.

Wie kann man die Blütenbildung bei Ananasgewächsen anregen?

Mit einer Plastiktüte und zwei Äpfeln

Eine luftdichte, durchsichtige Plastiktüte sollte über die Pflanzen gestülpt werden, unter der sich ein bis zwei reife Äpfel befinden. Diese Früchte scheiden das Gas Ethylen aus, das die Pflanzen zum Blühen anregt.

Wie vermehrt man Ananas auf der Fensterbank?

Ananasschopf wächst an

Wer's gern exotisch hat, der braucht vor der Vermehrung der Ananaspflanzen nicht zurückzuschrecken. die Bewurzelung des Blätterschopfes einer Ananas ist durchaus möglich. Dazu trennt man den Schopf mit der obersten Scheibe ab, entfernt vorsichtig das Fruchtfleisch und steckt diesen Spross in humusreiche Blumenerde (Aussaaterde; im Gartenfachhandel unter dieser Bezeichnung erhältlich). Nicht vergessen, Ananas haben es gerne warm! Die Bodentemperatur muss zur Bewurzelung mindestens 28 °C betragen. Aufs Fensterbrett oder über den Heizkörper gestellt, dürfte diese Temperatur leicht zu erreichen sein. Über das gesamte Pflanzengefäß stülpt man dann eine Folienhaube oder ein großes Einmachglas, wodurch ein Gewächshauseffekt mit tropisch feuchter Luft erzielt wird.

Weshalb wirft meine Kamelie ihre Blütenknospen ab?

Kamelien nie über 12 °C

Die Kamelie ist eine kühle Schönheit, sie braucht einen Platz mit Temperaturen, die 12 °C nicht überschreiten. Sie passt also nicht in ein gut geheiztes Zimmer, sondern steht besser im Schlafzimmer, in der Diele oder im unbeheizten, aber frostfreien Wintergarten.

Kamelien brauchen saure Erde

Große Gefahr besteht, wenn man die Wurzelballen austrocknen lässt, ständig nasse Erde ist aber der Pflanze genauso unangenehm. Außerdem sollte die Kamelie stets mit lauwarmem, abgekochtem Wasser gegossen werden, denn Kalk kann sie nicht vertragen. Saure Erde ist geradezu Pflicht.

Kamelien am Standort belassen

Sollten die Kamelien bereits Blütenknospen angesetzt haben, bitte nicht mehr drehen oder an einen anderen Platz stellen. Hierin liegt auch der erste Misserfolg; meist erhält man Pflanzen voller Blütenknospen, die bedingt durch den Ortswechsel prompt abfallen. Aber bei sachgemäßer Pflege – Ferienzeit im Sommer im Garten und einer Ruhezeit im Juli/August – wird sie dann im kommenden Jahr die Knospen auch zu Blüten öffnen und nicht abfallen.

Wie kann ich Bananen und Kaffee vermehren?

Bananen, Kaffee und Baumwolle lassen sich leicht durch Samen aufziehen?

Bananen, Kaffee und sogar echte Baumwolle lassen sich leicht durch Samen heranziehen. Von diesen Exoten gibt es ein großes Angebot in den Gartengeschäften.

Erste Bedingung ist: Sofort aussäen, weil diese Sämereien, die meist aus tropischen Zonen stammen, nur eine begrenzte Zeit keimfähig sind. Ausgesät wird in Töpfen oder Schalen, die am Zimmerfenster über einem Heizkörper stehen oder in einem temperierten Zimmergewächshaus, weil die meisten Samen Bodentemperaturen von 22 bis 25 °C benötigen. Hartschalige Bananensamen sollte man 24 Stunden vorher in temperiertes Wasser legen oder mit einer Feile oder

Sandpapier einritzen. Als Substrat verwendet man die im Handel erhältliche keimfreie Aussaat-Erde, mit der gute Erfahrungen gemacht wurden.

Wärme und Luftfeuchtigkeit notwendig

Über den Erfolg der Anzucht entscheidet tatsächlich fast nur die Wärme und eine hohe Luftfeuchtigkeit, die in einem Zimmergewächshaus oder durch ein Glas oder eine Plastikfolie über den Topf gestülpt, gewährleistet ist.
Falls ein Samen nicht sofort keimen sollte, so seien Sie nicht ungeduldig, die Keimzeiten liegen oft weit auseinander, das kann manchmal sechs Monate dauern. Übrigens sind auf den Samenpackungen ausführliche Pflegeanleitungen abgedruckt.

Balkonpflanzen

Wie kann ich meine Balkonkästen bepflanzen, damit sie das ganze Jahr im üppigen Blütenflor stehen?

Balkonkästen im Frühling

In Balkonkästen und anderen Pflanzgefäßen sorgen Krokus, Tulpe, Narzisse, Hyazinthe, Blaustern, Schneeglanz und andere Zwiebelblumen für eine reizvolle Blüte im Vorfrühling. Sie werden im März/April fix und fertig mit Knospen und Blüten angeboten. Blüten im Frühling bieten – oft schon den ganzen Winter hindurch – zudem noch Stiefmütterchen, von denen herrliche Sorten zu haben sind und denen man dann im März Maßliebchen (*Bellis*), Vergissmeinnicht und eine ganze Reihe wunderschöner Primeln zugesellen kann. Mit ihnen beginnt das Blühen auf dem Balkon bereits im Februar. Ab Ende April/Anfang Mai beginnt die sommerliche Hauptsaison auf dem Balkon mit Pelargonien, Fuchsien und Petunien, aber auch mit der Fülle einjähriger Sommerblumen, von denen es so viele Gattungen, Arten und Sorten gibt, dass man jedes Jahr die Balkon- und Fensterkästen mit neuen Pflanzen bestücken kann. Wer das Besondere liebt, schafft sich mit Spezialisten unter den Balkonpflanzen ein Duftparadies oder mit Feldblumen eine Anflugstation für Bienen, Hummeln und Schmetterlinge. Balkonkästen lassen sich auch gut mit Kräutern bepflanzen; man kann sie auch mit Saatbändern besäen, die verschiedene Kräutersamen beinhalten.

Balkonkästen im Herbst und Winter

Und auch der Herbst hat noch seine schönen Tage mit niedrigen Chrysanthemen und Topf-Eriken, die in voller Blüte angeboten werden und bis zum ersten Frost erhalten bleiben. Besonders gut dran sind jene Balkon- und Terrassengärtner, die sich in den Pflanzgefäßen einen richtigen kleinen Garten mit Zwergnadelgehölzen angelegt haben. Zu ihnen kann man Winterheiden dazupflanzen, die im Oktober zu blühen beginnen und deren Flor erst im März zu Ende geht.

Welche Pflanzen eignen sich für die Dauerbepflanzung von Blumenkästen?

Alle niedrig bleibenden Pflanzen passen in Blumenkästen

Geeignet sind Sommer- und Winterheide, die je nach Art und Sorte von August bis Juni blühen sowie langsam wachsende und klein bleibende Nadelgehölze, die mit dem Zusatznamen „Nana“ bezeichnet werden. In dieser Gruppe gibt es Arten mit grünen, blauen oder gelben Nadeln. Auch niedrig wachsende Gräserhorste harmonisieren gut dazu. Für die Balkonkästen besonders gut geeignet sind die „echten“ Zwerge, die zwar etwas teurer sind, aber besonders langsam wachsen. Bei den anderen muss man schon hin und wieder zur Schere greifen, um ihre Wachstumslust einzudämmen. Besonders Efeuarten, Teppichspindel, Lavendel und niedrig wachsende Cotoneaster runden das Bild der Bepflanzung ab. Blumenkästen mit Steingartencharakter, für die Freunde alpiner Flora, erreicht man durch die Pflanzung von Enzian, Hauswurz, Fette Henne, Edelweiß und Zwergkiefern (Latschen).

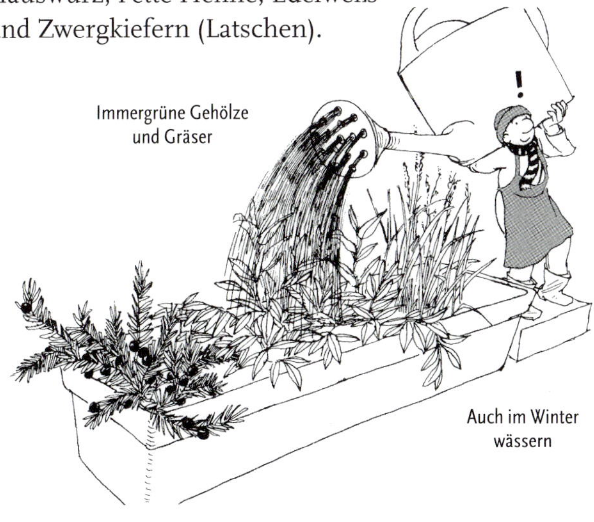

Balkonkästen groß genug wählen

Wer seinen Balkonkasten oder andere Pflanzengefäße ganzjährig bepflanzen will, muss einiges beachten. So eigenen sich nur ausreichend große Gefäße mit einer Kastenbreite und Tiefe von mindestens 20 cm. Entsprechend tief und breit sollten auch die anderen Pflanzgefäße sein. Bei kleineren Behältern mit geringerem Erdvolumen kann es passieren, dass die Pflanzen vertrocknen oder im Winter erfrieren. Auch lassen sich die Pflanzen in kleineren Gefäßen nicht ausreichend ernähren. Wegen der mangelnden Isolierfähigkeit gegenüber Hitze im Sommer und Kälte im Winter sind Gefäße aus Kunststoff nicht zu empfehlen. Man nehme lieber Kästen und Kübel aus druckimprägniertem Holz, aus Eternit, Terrakotta oder Keramik.

Abzugslöcher nicht vergessen

Alle Gefäße müssen wie „normal" bepflanzte Balkonkästen mit Abzugslöchern versehen sein, die vor der Bepflanzung mit einer etwa 5 cm hohen Schicht aus Tonscherben oder Blähtonkügelchen, wie in der Hydrokultur üblich, abgedeckt werden. Diese Dränageschicht nie vergessen, sonst gibt es bei Regenwetter und zu hohen Wassergaben Staunässe mit anschließenden Wurzelschäden.

Nährstoffreiche Erden erforderlich

Es hat sich bewährt, Fertigerde für diese Zwecke mit Gartenerde zu vermischen. Besonders geeignet sind ton- oder lehmhaltige Erden. Auf einen Kasten von 80 bis 100 cm Länge kommen zwei Gehölze und nicht mehr, damit Platz für jahreszeitliche Wechselpflanzung bleibt. Der beste Zeitpunkt für die Bepflanzung ist das Frühjahr oder der Spätsommer. Nicht vergessen, einen ausreichend tiefen Gießrand (2 bis 3 cm) zu lassen und tüchtig anzugießen.

Immergrüne brauchen auch im Winter Wasser

Die Immergrünen verdunsten auch bei Frost Wasser, das bedeutet: Wenn die Erde nicht gefroren ist, reichlich wässern, also auch im Winter.

Welche Balkonpflanzen blühen in der Sonne, welche im Schatten?

Von der Sonne verwöhnte Blütenpflanzen

Sonnenbalkone galten früher für Pflanzen als unbewohnbar. Heute ist das anders. Da blühen von der Sonne verwöhnt die schönsten Blütenpflanzen. Wunderschön sieht es aus, wenn aufrecht wachsende feuerrote Pelargonien, blaublütige Lobelien oder Leberbalsam *(Ageratum)* zusammen wachsen. In Wachstumsart und Blüte passen auf Sonnenbalkone auch braungelbe Tagetes zu Beet-Begonien in rosa Tönen. Für ein dezentes Farbenspiel sorgen karminrote Verbenen zusammen mit dunkelblauen Vanilleblumen oder gelbbraunen Gazanien. Herabhängenden weißroten „Schwarzwald-Geranien" kann man gelb blühende Pantoffelblumen zuordnen. Violette Petunien mit ihrem betörenden Duft sollten mit weiß blühenden Zwergmargeriten ihre einfachen, ein bißchen nostalgisch wirkenden Blüten entfalten. Und wer es gern ranken und klettern lassen möchte, der halte sich an Glockenreben, Duft-Wicken und an die Schwarzäugigen Susannen mit orangefarbenen, roten, rosa und gelben Blütenkleidern.

Sonnenhungrige Pflanzen auch im Halbschatten

Sonne oder Schatten, das ist für viele Balkonpflanzen ohnehin nicht die Frage, sondern eher Sonne und Schatten. Denn die Sonne wandert, das Laub der Bäume mildert das Licht, und die meisten Pflanzen sind, was ihren Standort betrifft, flexibel. So nimmt die auf Schatten festgelegte Fuchsie auch an halbschattigen Plätzen mit ein paar Stunden Morgen- oder Nachmittagssonne keinen Schaden. Ebenso geht es den Beet- und Knollen-Begonien und auch den Fleißigen Lieschen, Pelargonien, Petunien, Pantoffelblumen, blauen Lobelien und dunkelvioletten Vanilleblumen *(Heliotrop)*. Alle sind eigentlich sonnenhungrige Pflanzen, die aber auch noch im Halbschatten prächtig gedeihen und sich entwickeln.

Balkonblumen-Klassiker mögen keinen Schatten

Es gibt aber doch Platzansprüche. So mögen Pelargonien keinen Schatten, sie fühlen sich im Halbschatten wohl, genauso wie die anderen „Balkonblumen-Klassiker“ Petunien und Pantoffelblumen oder gelben Strauchmargeriten, mit ihrem leuchtenden Gelb, das soviel Licht in die Blütenbüsche blauer Lobelien und dunkelvioletter Vanilleblumen bringt.

Für den Schatten gibt es eine genügende Auswahl von Pflanzen

Im Schatten oder besser gesagt an der Sonne abgewandten Plätzen zeigen Fuchsien, wie schön sie ohne Sonne wachsen können. Einen Sommer lang blühen hier auch die Fleißigen Lieschen und ihre höher wachsenden großblumigen Schwestern, die so genannten Neuguineas, in imponierender Farbenvielfalt. Sie harmonieren gut mit den großblumigen Knollen-Begonien und ihren dichten Blütenbällen wie auch mit den vornehmen Elatior-Begonien, einer weiteren Schönheit aus der Begonienfamilie.

Kann ich Blumenzwiebeln, wie Narzissen, Tulpen, Hyazinthen und Krokusse in Blumenkästen zwischen die Gehölze setzen?

Alle Frühjahrsblumenzwiebeln sind für den Balkon geeignet

Es sieht ganz toll aus, wenn im Frühjahr bunte Zwiebelblumen für Farbe auf dem Balkon sorgen. Geeignet sind niedrig bleibende Zwiebelblumen, wie beispielsweise Schneeglöckchen, Märzenbecher, Zwiebel-Iris, Krokus, Winterling, Blaustern und dann die schönsten Farbbringer: Zwergnarzissen und früh blühende niedrig wachsende Tulpen mit ihren großen Blütenschalen. Es eigenen sich hierfür besonders die so genannten Botanischen Tulpen.
Die Zwiebeln werden im Spätherbst von Oktober bis Anfang Dezember in die Erde gesteckt, und zwar etwa doppelt so tief wie sie selbst hoch sind. Am besten steckt man drei bis fünf Zwiebeln der gleichen Art zusammen.

Bitte auch im Winter daran denken, die Kästen zu wässern. Die Kästen oder anderen Pflanzgefäße werden im Winter als Schutz vor starkem Frost in einer Ecke am Haus oder in der Garage aufgestellt und handhoch mit Rindenmulch abgedeckt. Auch Jutesäcke, Wellpappe oder Tannenreisig stellen einen wirksamen Kälteschutz dar.

Im Winter die Balkonkästen wässern und schützen

Langstielige Tulpen oder Narzissen sind weniger geeignet, weil diese in den Zwerggehölzen blühen oder zu hoch über die Gehölze ragen.

Ich möchte meinen Balkon zur Laube machen, mit welchen Rankpflanzen geht das?

Es gibt einjährige Rankpflanzen, die an Spalieren und Gittern schnell empor klettern und auch mit hübschen Blüten erfreuen. Zu den schönsten gehören die Schwarzäugige Susanne mit ihren kleinen orangefarbenen, mit einem schwarzen Auge versehenen Blüten, die Kaiserwinde, mit himmelblauer Blütenpracht und die Glockenrebe, mit großen lilafarbenen Blütenglocken.

Einjährige Rankpflanzen klettern am schnellsten

Wunderschön sind auch Edelwicken, die außerdem noch einen herrlichen Duft verströmen.
Wenn Sie wollen, machen Sie sich einen Spaß mit Zierkürbissen und Kalebassen. Neben Blüten haben Feuerbohnen noch etwas Kulinarisches zu bieten. Wenn man den Feinschmeckern Glauben schenken darf, so schmecken sie besser als gewöhnliche Stangenbohnen.

Kann man in Balkonkästen eine Blumenwiese anlegen, mit Klatschmohn und so weiter?

Sommerblumen einfach aussäen

Man kann so eine richtige kleine Wiese mit Klatschmohn und Kornblumen anlegen. Da kommt Ferienstimmung auf, wenn bunte Sommerblumen die sonst so wohlsituierten Balkonkästen zur Blumenwiese machen. An der duftigen Farbenpracht der Blüten freuen sich auch Schmetterlinge, Bienen und Hummeln, die sich an den Blüten mit Nektar versorgen. Das alles passiert mitten in der Stadt und natürlich auch auf dem Lande – überall dort, wo die Sonne hinscheint und wo keine Winde wehen.

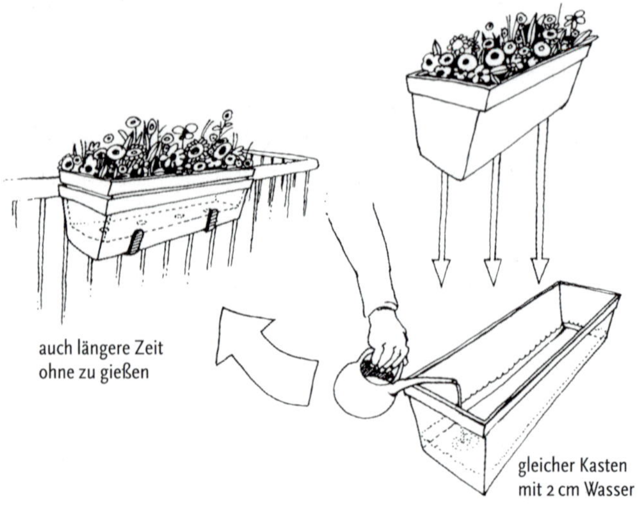

Ausgesät wird von April bis in den Juli hinein, breitwürfig in Kästen und Schalen, aber auch auf Beete im Garten. Der Samen kommt höchstens einen Zentimeter tief in die Erde und muss regelmäßig feucht gehalten werden. Je nach Außen- und Bodentemperatur dauert es zehn, manchmal auch zwanzig Tage, bis die Samen anfangen zu keimen. Etwa vier bis sechs Wochen später fängt die Balkon-Wiese an zu blühen. In Gartenfachgeschäften gibt es den Samen fertig gemischt zu kaufen.

Wie oft – wenn überhaupt – muss ich die Balkonpflanzen düngen?

Nährstoffe sind in der Blumenerde nach sechs Wochen verbraucht

Auch Balkonpflanzen brauchen Dünger, selbst, wenn sie erst nach den Eisheiligen, am 15. Mai, in frische vorgedüngte Blumenerde gepflanzt werden. Etwa vier bis sechs Wochen nach der Pflanzung sind diese Nährstoffe verbraucht, und es muss nachgedüngt werden. Einfach geht dies mit leicht löslichen (festen oder flüssigen) Düngern, die bis September wöchentlich einmal dem Gießwasser zugesetzt werden.

Langzeit- und Vorratsdüngern reichen vier Monate

Mit den neuen Langzeit- oder Vorratsdüngern hat man es noch leichter. So wird beispielsweise ein Langzeitdünger für Balkonpflanzen direkt auf die Blumenerde gestreut. Die Nährstoffe reichen etwas vier Monate, eventuell kann also Ende Juli/Anfang August noch mit leichtlöslichen Düngern der Blütenflor verlängert werden.

Was kann ich gegen Blattläuse an blühenden Pelargonien, Fuchsien, Dahlien machen, ohne die Bienen zu gefährden?

Marienkäfer zur Blattlausbekämpfung pflegen

Blattläuse besiedeln gerne Dahlien, Pantoffelblumen, Petunien, Fuchsien und viele andere Blütenpflanzen, Obst und Gemüse. Grundsätzlich sei erwähnt, dass

durch ausgewogene Ernährung gepflegte Pflanzen von Schadinsekten weniger befallen werden. Bekämpfungsmaßnahmen sollten überhaupt nur bei starkem Befall vorgenommen werden. Selektive, das heißt nützlingsschonende Mittel sind dabei bevorzugt einzusetzen.

Wie überwintere ich meine Geranien?

Geranien im Folienbeutel aufbewahren

Geranien lassen sich auf verschiedene Weisen im frostfreien Raum (bei 0 ° bis 8 °C) überwintern. Eine Möglichkeit wäre, die Pflanzen aus dem Kasten zu nehmen und die Wurzelballen einzeln in Folienbeutel einzutüten, anzugießen und über dem Ballen zuzubinden. Für diese Überwinterungsart ist bis Februar kein heller Raum erforderlich. Eine Garage wäre ein geeignetes Winterquartier. Die so überwinterten Geranien schneiden Sie Ende Februar zurück. Jeder Trieb wird auf ein Drittel seiner Länge eingekürzt. Dabei erfolgt der Schnitt zwischen zwei „Augen" (oberhalb eines Blattknotens. Dann topft man die Pflanzen in frische, feuchte Komposterde oder fertige Blumenerde und stellt sie an einem hellen Platz bei Temperaturen bis +10 °C auf. Übrigens heißen unsere Geranien richtig eigentlich Pelargonien.

Pflanzen im Kasten belassen

Bei Platz in hellen kühlen (10 °C) Räumen können die Pflanzen im Kasten belassen werden, dabei die abfallenden Blätter regelmäßig absammeln (Fäulnisgefahr) und nur ganz wenig gießen.
Bei diesen Methoden sollten die Pelargonien im Februar zurückgeschnitten, nach 14 Tagen in neue Blumenerde gepflanzt und möglichst hell in wärmeren Räumen (10 bis 15 °C) aufgestellt werden, damit sie Mitte Mai mit der Blüte beginnen.

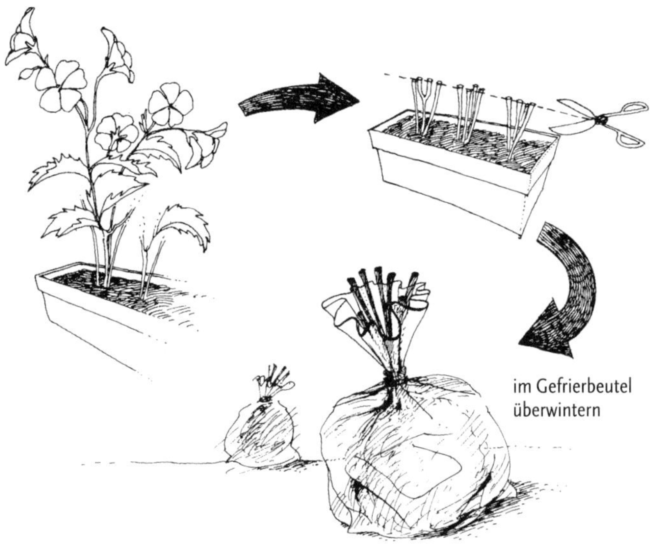

Im August durch Stecklinge vermehren

Platz sparender und bei entsprechenden Räumlichkeiten ist es möglich, im August von kräftigen Pflanzen Kopfstecklinge (unter dem zweiten voll entwickelten Blatt die Triebspitze abschneiden) zu machen und in einem Sand-Torf-Gemisch oder Anzuchterde bewurzeln zu lassen. Bis zum ersten Frost haben sich die Stecklinge bewurzelt und sollten dann über den Winter kühl und hell aufgestellt werden.

Kann man Dahlien in einer Erdmiete überwintern?

Dahlien wie Kartoffeln einmieten

Dahlien wie Kartoffeln einmieten und zwar in trockenem Zustand, mit dem Strunk nach unten, mit Stroh und Holzwolle bedecken und Erde aufschütten. So überwintern Dahlienknollen ohne Verluste.

Warum Fuchsien im Haus überwintern?

Fuchsien wie mit einer Erdmiete überdecken

Fuchsien können im Erdreich des Gartenbeetes verbleiben. Vor dem Frost Laub über dem Wurzelbereich verteilen, genügend Erde überdecken und überwintern.

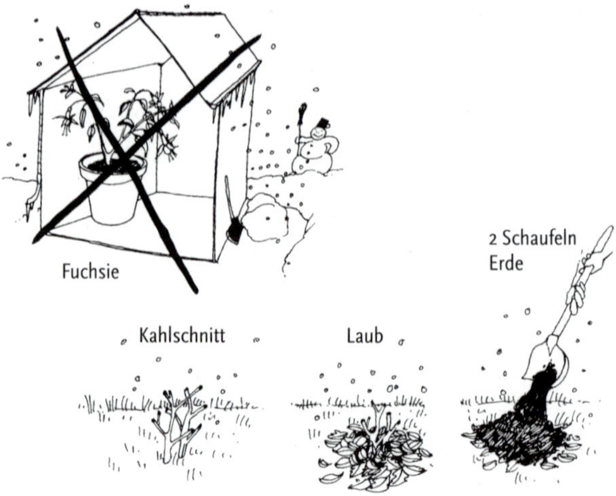

Wie treibe ich meine Knollen-Begonien an?

Knollen-Begonien blühen im Schatten und in der Sonne

Es gibt keine Sommerblume, die in solcher Pracht blüht, und zwar sowohl im Schatten als auch in praller Sonne.

Knollen Anfang Februar antreiben

Das Antreiben ist einfach. Einfach die Knollen Anfang Februar in etwa 5 cm Abstand in kleine Kästen oder Töpfe legen. Die Größe der Gefäße richtet sich danach, wie viel Platz auf der Fensterbank über der Heizung ist. Hier müssen sie nämlich bei genügend Fußwärme und anfangs mäßiger Feuchtigkeit aufgestellt werden. Sie sollten die Knollen mit der Höhlung nach oben in eine humusreiche Blumenerde legen. Man kann die Knollen auch auf feuchte Sägespäne legen. Gegossen wird erst, wenn sich die ersten Trieb-Knospen zeigen.

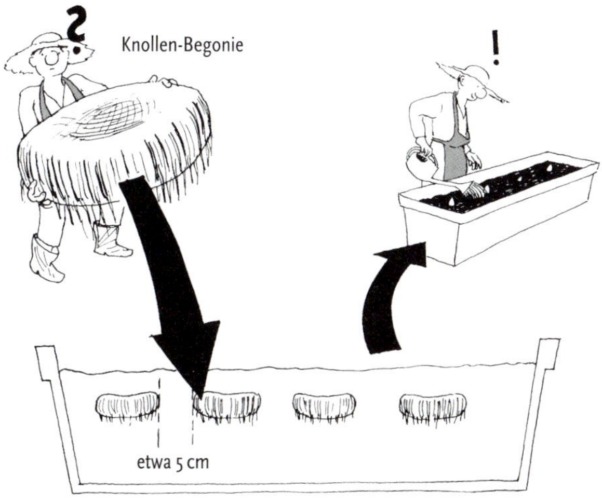

Wie vermehre ich meine Knollen-Begonien

Sobald sich auf der Knolle die ersten Triebknospen zeigen, schneidet man diese mit einem scharfen Messer durch. Wichtig ist, dass auf jedem Teilstück eine Triebknospe erhalten bleibt. Um Fäulnis vorzubeugen, bleibt das Teilstück noch fünf bis acht Stunden an der Luft liegen, bevor man es in humusreiche Erde einpflanzt.

Kübelpflanzen

Was sind eigentlich Kübelpflanzen?

Kübelpflanzen stammen aus subtropischen und tropischen Zonen, sind also frostempfindlich

Unter Kübelpflanzen versteht man alle Gewächse, die aus den subtropischen und tropischen Zonen der Welt stammen. Kübelpflanzen heißen sie also nicht deshalb, weil sie zufällig in einem Kübel, also in großen Töpfen wachsen. Kübelpflanzen sind frostempfindlich und müssen vor dem Frost ins Überwintersquartier geholt werden. Ausreichend gedüngt, gegossen und teilweise auch beschnitten können sie uralt werden. Typische Vertreter sind: Palmen aller Art, Engelstrompeten, Schmucklilie, Oleander, Granatapfel, Bleiwurz, echte Feige, Lorbeer- und Myrtenbäumchen, aber auch Hibiskus und Fuchsien in älteren Exemplaren.

Mein Rosen-Eibisch *(Hibiscus)* wird zu groß und unansehnlich. Was kann ich dagegen tun?

Hibiskus blüht an den jungen Triebenden

Als stark wachsende Pflanze neigt der Hibiskus dazu, lange, unverzweigte Äste zu treiben. Wenn er regelmäßig jedes Jahr im Januar zurückgeschnitten wird, treibt er Seitentriebe, die bis zum Sommer wieder Blüten bringen. Den Schnitt immer über einer nach außen weisenden Knospe ausführen, damit sich langsam eine breite Krone ausbildet. Je mehr Seitentriebe der Busch hat, umso mehr Blüten wird er bringen, da der Hibiskus nur an den Triebenden Blütenknospen bildet.

Kann man Kronenbäumchen von Fuchsien, Chrysanthemen, Bleiwurz, Hibiskus und Wandelröschen selbst ziehen, und wie geht das?

Für viele Pflanzenliebhaber ist es von besonderem Reiz, sich Kronenbäumchen selbst anzuziehen; dazu

In einem Jahr einen geraden Mitteltrieb wachsen lassen

verwendet man am besten bewurzelte Stecklinge. Nach Kräftigung der Pflanze (zwei Monate) entfernt man sämtliche Seitentriebe und Blütenknospen, damit ein einziger Trieb nach oben wächst. Dies ist wichtig, damit die ganze Kraft für die Entwicklung des Mitteltriebs zur Verfügung steht. Er sollte an einen Stab gebunden werden, damit er schön gerade wächst.

Im zweiten Jahr Krone einziehen

Hat der Haupttrieb die gewünschte Höhe (meist 120 cm) erreicht, wird die Mittelknospe ausgebrochen beziehungsweise abgeschnitten. Die aus den oberen Blattachseln austreibenden Seitentriebe werden später für den Kronenaufbau gekürzt, um eine gleichmäßige Krone zu erzielen.
Alljährlich kürzt man die Seitentriebe so ein, dass sich mit der Zeit eine Kugelform ergibt. Hat sich nach einigen Jahren die gewünschte Kronengröße von 50 bis 70 cm Durchmesser ergeben, muss jedes Jahr der Rückschnitt stärker erfolgen. Dadurch wird die Krone dichter und die Blüten üppiger.
Bei guter Pflege kann man in zwei Vegetationsperioden ein schönes Hochstämmchen selbst angezogen haben. Wichtig: Fuchsien blühen nur an einjährigen Trieben.

Warum sollen die Befestigungsbänder und Etiketten bei Fuchsien und anderen Hochstämmchen laufend kontrolliert werden?

Befestigungsbänder stets nachstellen

Mit zunehmendem Dickenwachstum des Stämmchens beginnen die aus Draht oder Kunststoff bestehenden Bänder den jungen Stamm einzuschnüren! Bald kommt es zum Einwachsen der Drähte, wodurch der Saftstrom und die Entwicklung des Bäumchens stark gehemmt werden.
Ist das Band tief eingewachsen, knicken oftmals die Kronen ab und der Baum stirbt ab. Im Fachgeschäft gibt es verstellbare Kunststoffbänder, die dem jeweiligen Dickenwachstum angepasst werden können, aber auch hier ist ständige Kontrolle erforderlich.

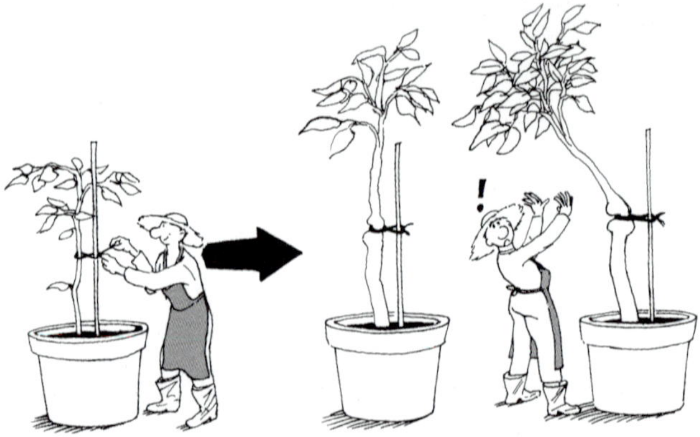

Ich möchte gern meine schönen Fuchsienbüsche über den Winter bringen. Wie mache ich das?

Zur Überwinterung von Fuchsien braucht man einen kühlen Raum (8 bis 10 °C)

Die Fuchsien werden vor dem Frost in frostfreie, nicht zu warme Überwinterungsräume gebracht. Alle Triebspitzen werden eingekürzt. Je kühler der Raum, umso weniger Licht brauchen die Pflanzen. Abgefallene

Blätter müssen sorgsam entfernt werden, damit Pilzkrankheiten vermieden werden. Völlig austrocknen dürfen Fuchsienwurzelballen nie. Alle 1 bis 2 Wochen sollte nachgeprüft werden, ob gegossen werden muss, je wärmer der Raum, umso mehr Wasser verdunsten die Pflanzen.
Im Januar werden die Pflanzen auf 3 bis 4 Knospen des vorjährigen Triebs scharf zurückgeschnitten, da sie ja nur an den Triebspitzen wieder blühen und kräftig austreiben sollen. Nach 14 Tagen topft man sie in neue Erde, eventuell auch in einen größeren Topf, und pflegt sie wie gewohnt weiter, mit größeren Wassergaben, falls möglich bei mehr Licht und höheren Temperaturen (+ 15 °C).

Im August durch Stecklinge vermehren

Auch können im August Stecklinge geschnitten werden, die, wenn sie zum Herbst bewurzelt sind, eingetopft werden und dann, allerdings möglichst hell und kühl (10 °C) aufgestellt, überwintern. Es ist die einfachste Form der Überwinterung.

Meine Fuchsien sitzen voller Weißer Fliegen, die offensichtlich die Blätter beschmutzen. Wie wird man die Plagegeister los?

Beleimte Tafeln – Gelbtafeln – einsetzen

Bei starkem Befall mit Weißen Fliegen, drinnen oder draußen, lohnt sich der Einsatz so genannter Gelbsticker, das sind kleine, trichterförmige Gelbtafeln, die einfach in die Blumentopferde gesteckt werden. Die Insekten fliegen in des Wortes wahrer Bedeutung auf die beleimten Tafeln und bleiben, nach dem Fliegenfängerprinzip, daran kleben. Hängen bleiben aber nicht nur Weiße Fliegen, sondern auch geflügelte Blattläuse und andere unerwünschte Insekten, wie zum Beispiel Trauermücken.
So sieht die ideale Schädlingsbekämpfung aus: kinderleicht und ohne Gift.

Ich würde gern Indisches Blumenrohr (Canna) pflanzen. Was sind die Ansprüche dieser herrlichen Blütenpflanze?

Canna brauchen Platz im Kübel

Canna braucht einen sonnigen, möglichst windgeschützten Platz und, wenn in Gefäßen kultiviert, eine besonders nährstoffreiche Erde sowie einen großen Kübel; in kleineren Gefäßen wachsen Canna schlecht. Ausgepflanzt wird im Mai. Um die Entwicklung zu beschleunigen, empfiehlt es sich, die Rhizome bereits im März vorzuziehen. Dazu lege man drei dicke Rhizome in einen Topf und stelle die Gefäße bei Temperaturen von 12 bis 16 °C auf. Mitte Mai wird schließlich in die Kübel umgetopft und reichlich gegossen, und alle acht Tage (von Anfang Juni bis Anfang September flüssig gedüngt.

Rhizome im Keller überwintern

Die Überwinterung ist einfach: Die Stiele etwa 20 cm hoch über den Rhizomen abschneiden und mit einem Teil der anhaftenden Erde in einen trockenen, dunklen Raum, wo es nicht kälter als + 10 °C ist, überwintern. Die Rhizome werden in Sand oder Rindenmulch eingeschlagen, damit sich keine Faulstellen bilden. Sie dürfen nie ganz austrocknen.

Wo hat die Feige ihre Blüten?

Seit Jahren besitze ich eine Feige als Kübelpflanze. Sie trägt alljährlich Früchte, ohne zu blühen. Wo hat sie ihre Blüten?

Die Feige wird im Innern der Früchte befruchtet

Ohne Blüten gäbe es keine Äpfel, Birnen oder Kirschen. Und die müssen meist auch noch bestäubt werden. Das weiß jeder. Nur der echte Feigenbaum, den jedermann wie Oleander auf Balkon und Terrasse halten kann, fällt aus der Rolle. Er blüht nicht und trägt trotzdem Früchte. Ein Wunder der Natur? Mitnichten, denn auch der Feigenbaum hat seine Blüten, nur sind sie nicht zu sehen, weil sie sich im Innern der bereits vorgebildeten Früchte befinden. Die Bestäubung wird durch klitzekleine Gallwespen vorgenommen, die durch eine winzige Öffnung in das Innere der Feigen vordringen. Allerdings wurden mittlerweile Feigensorten gezüchtet, die ohne Bestäubung auskommen. Da ist dann der ganze Spaß im Eimer.

Meine aus Kernen gezogenen Apfelsinenbäumchen tragen keine Früchte. Woran liegt das?

Zitrusbäumchen müssen veredelt werden

Der Spaß, Zitronen- oder Apfelsinenbäumchen aus Kernen heranzuziehen, hört spätestens dann auf, wenn die Pflanzen keine Früchte tragen. Die erscheinen erst, wenn man sie – wie Äpfel und Birnen – veredelt; entweder auf eine Wildzitronen-Unterlage oder durch Verwendung eines Edelreises. Beide sind nur in einer Spezial-Baumschule erhältlich. Einfacher hat man es mit Zwergorangen, die jedes Jahr blühen und Früchte tragen. Die Calamondin-Orange fruchtet von allen Zitruspflanzen am schönsten und reichsten.

Wie beseitige ich Schildläuse am Oleander?

Blätter mit Seifenlauge abbürsten

Schildläuse sind besonders hartnäckige Sauger, da sie als Jungtiere unter den Schildchen oder in Blattachseln geschützt leben. Wer die Plage gründlich vertreiben will, muss sich schon etwas Arbeit machen. Mit einer Bürste müssen die einzelnen Blätter, und zwar von oben und unten, beidseitig abgebürstet werde, möglichst sogar mit einer Seifenlauge. Anschließend muss der Oleander sorgfällig mit einem Pflanzenschutzmittel eingesprüht werden. Besonders geeignet sind Paraffinöl-Präparate. Sie helfen auch gegen Spinnmilben und vernichten auch deren Eier. Die Behandlung ist nach einer Woche zu wiederholen.

Wie überwintere ich Kübelpflanzen?

Kübelpflanzen sind tropische und subtropische Gewächse

Wer Margeritenbäumchen, Oleander, Bleiwurz oder Engelstrompeten besitzt, kennt das Problem: Schon im Oktober kann es im Garten, auf der Terrasse oder dem Balkon für die Kübelpflanzen zu kalt sein. In manchen Regionen sind schon die ersten Boden- und Nachtfröste zu befürchten. Dann gibt es viele Möglichkeiten, die Pflanzen sicher durch den Winter zu bekommen. Ein kleines Gewächshaus oder ein Wintergarten wären ideal. Doch man kann sich auch mit anderen Räumen behelfen: unbeheizten Zimmern, dem Treppenflur, hellen Kellerräumen oder der Garage. Sie alle sollten hell und kühl sein; Frost darf nicht eindringen.

Überwintern bei 5 bis 8 °C

Die beste Temperatur liegt zwischen 5 und 8 °C. Eine Faustregel: Je weniger Licht der Raum hat, desto niedriger sollten die Temperaturen sein. Das Winterquartier der Kübelpflanzen sollte zudem noch gut belüftet sein. Deshalb aber nicht gleich auf Durchzug stellen.

Palmen bei 15 bis 20 °C

Wärmer mögen es die Bergpalme (*Chamaedorea*) und das Kokos-Pälmchen (*Microcoelum*): etwa 15 bis 20 °C. Die meisten anderen Palmen können kühler stehen.

Zwischen 15 und 18 °C warm sollte der Raum sein, in dem Hibiskus und Schönmalve (*Abutilon*) stehen. Praktischer sind kleinere, transportable Pflanzen. Denn sie können tagsüber in der Übergangszeit noch die warme Sonne genießen und werden nachts ins Haus geholt. Margeritenbäumchen können den ganzen Winter im Zimmer bleiben. sie blühen dort weiter, wenn Abgeblühtes ständig entfernt wird. Vorher werden sie dann natürlich zurückgeschnitten und im Februar/März wieder umgetopft. Engelstrompeten dagegen brauchen den ganzen Winter als strenge Ruhezeit.

Manche Kübelpflanzen sind auch Zimmerpflanzen

Manche Kübelpflanzen sind angestammte Zimmerpflanzen und zur „Doppelverwendung“ geeignet. Sie können den Winter problemlos in einem kühlen Zimmer oder hellen Flur verbringen: zum Beispiel die Zimmertanne, die Aralie, Hibiskus, Gardenie, Ölbaum, die meisten Palmen, Bougainvilleen, Lampenputzer und die Aukube. Diese Pflanzen sollte man noch vor Beginn der Heizperiode in die Wohnung holen und an einen hellen Platz stellen. Dann können sie sich rechtzeitig an die Verhältnisse im Zimmer gewöhnen.

Rückschnitt im Herbst

Einige Kübelpflanzen müssen im Herbst zurückgeschnitten werden: Margeritenbäumchen um die Hälfte, Engelstrompeten (*Brugmansia*) noch stärker, gewissermaßen auf Stummel zurück. haben sich im Frühjahr selbst in einem kühlen und hellen Keller krautige Triebspitzen von mehr als 8 cm Länge gebildet, so empfiehlt es sich, diese gut zu stutzen, um einen buschigen Wuchs zu erzielen.

Kübelpflanzenüberwinterung

Name	Temp. °C	Licht	Wasserbedarf	Rückschnitt	sonstiges
Schönmalve *(Abutilon)*	7–12	hell	Ballen feucht halten, nie zu nass	beim Einräumen	auf die Hälfte zurückschneiden, warme Überwinterung im Zimmer möglich
Schmucklilie *(Agapanthus)*	5–8	kommt mit weniger Licht aus	mäßig		je heller und wärmer der Standort, desto größer ist der Wasserbedarf; selten umtopfen
Strauchmargerite *(Argyranthemum frutescens)*	5–12	hell	immer leicht feucht	beim Einräumen	auf die Hälfte zurückschneiden
Bougainvilee *(Bougainvillea)*	5–10	hell	wenig, aber keine Ballentrockenheit	möglich	ab Februar mehr Licht, Wärme und Wasser, stark zurückschneiden
Engelstrompete *(Brugmansia)*	4–12	kommt mit weniger Licht aus	sehr wenig	beim Einräumen	stark, aber nicht ins alte Holz zurückschneiden
Orange *(Citrus* x *aurantium)*	12–15	hell	wenig, aber keine Ballentrockenheit	möglich	Staunässe vermeiden
Zitrone *(Citrus* x *limon)*	5–12	hell und luftig	wenig, aber keine Ballentrockenheit	möglich	Staunässe vermeiden
Wollmispel *(Eriobotrya)*	10–16	hell	alle 3–4 Wochen	möglich	nicht über die Blätter gießen
Gelbe Margerite *(Euryops)*	5–12	hell	leicht feucht halten	beim Einräumen	auf die Hälfte zurückschneiden
Fuchsie *(Fuchsia)*	6–8	kommt mit weniger Licht aus	wenig, aber keine Ballentrockenheit	beim Einräumen	Staunässe vermeiden
Roseneibisch *(Hibiscus)*	5–12	hell	mäßig	möglich	gelegentlich in Form schneiden
Wandelröschen *(Lantana)*	4–12	hell	mäßig	möglich	ab Februar/März wärmer stellen
Lorbeer *(Laurus)*	2–6	kommt mit weniger Licht aus	Ballen darf nicht austrocknen	möglich	auf Schädlinge achten, braucht viel Luft
Oleander *(Nerium)*	4–8	hell und kühl	je höher die Temperatur, desto mehr gießen	möglich	je heller der Standort, desto besser die Blütenbildung, auf Schildläuse achten
Olivenbaum *(Olea)*	4–12	hell	mäßig	möglich	Staunässe vermeiden
Pelargonie *(Pelargonium)*	8–12	kommt mit weniger Licht aus	wenig, aber keine Ballentrockenheit	möglich	Rückschnitt in verholzte Teile vermeiden
Granatapfel *(Punica)*	2–6	hell	wenig, aber keine Ballentrockenheit	möglich	vorzeitigen Austrieb durch niedrige Temperaturen vermeiden
Dattelpalme *(Phoenix)*	6–10	hell und luftig	wenig, aber keine Ballentrockenheit	braune Blätter entfernen	gelegentlich kräftig abspritzen, um Schädlinge zu vermeiden
Veilchenstrauch *(Tibouchina)*	4–12	hell	je nach Temperatur alle 2–3 Wochen	nach der Blüte	verkahlt ohne Rückschnitt

Stauden und Rosen

Was ist am besten für die Gartenpflanzen: organische Düngemittel oder Mineraldünger? Wo liegen die Unterschiede?

Düngemittel stehen zum einen als organische Dünger zur Verfügung. Diese sind pflanzlichen und tierischen Ursprungs, wie zum Beispiel Guano, Horn- und Knochenmehl oder Stallmist; sie wirken langsam und versorgen die Pflanzen über einen längeren Zeitraum mit Nährstoffen; die organischen aktivieren zugleich das Bodenleben und fördern die Humusbildung.

Die anorganischen, auch Mineraldünger genannt, stammen aus natürlichen Vorkommen, wie beispielsweise Phosphat, Kali und Magnesium. Stickstoff wird dagegen aus der Luft gewonnen. Die meisten wirken schnell und werden deshalb besonders während der Wachstumszeit verwendet.

Organische Dünger wirken nachhaltig, Mineraldünger meist sofort

Die Pflanzen können zwischen beiden Düngeformen nicht unterscheiden. Wir wissen, dass die organischen Dünger erst im Boden zersetzt und die Nährstoffe in pflanzenaufnehmbarer Form umgewandelt, d. h. mineralisiert werden müssen. Einen Kompromiss stellen die organisch-mineralischen Düngemittel dar. Sie versorgen die Pflanze sofort mit allem Nötigen wie auch auf lange Sicht als ständig sprudelnde Nährstoffquelle.

Gibt es biologische, ungiftige Methoden, Schnecken zu bekämpfen?

Schnecken schlüpfen unter Wellpappe

Ja, es gibt verschiedene Methoden. Eine ist besonders sicher und preiswert. Sie stammt von einem Hobbygärtner: Wellpappe wird auf Postkartengröße geschnitten und in Wasser aufgeweicht, das Deckpapier auf einer Seite abgelöst und damit die gewellte Pappschicht freigelegt. Diese über Nacht oder an Regentagen im Garten ausgelegten flexiblen Pappkarten bilden einen von Schnecken bevorzugten Unterschlupf. Man braucht sie nur noch aufzusammeln. Bei windigem Wetter empfiehlt es sich, die Pappstücke mit Steinen zu beschwerden.

Was mache ich nur gegen die Unkräuter, die aus Nachbars Garten herüberwachsen?

Winden und Quecken werden auch durch ständiges Abnehmen der Blattmasse geschwächt

Vor Nachbars Unkräutern sollte man sich schützen, bevor sie unsere Beete begrünen und Ärger programmiert ist. Gemeint sind die Wurzelunkräuter wie Winden oder Quecken, die unter Zäunen und Hecken herüberwuchern. Das können Dachpappestreifen oder Kunststoffbänder verhindern, die etwa 40 cm in die Tiefe eingebuddelt werden. Dieser unterirdische Schutzzaun hilft übrigens auch gegen die Wurzeln allzu wachstumsfreudiger Stauden und Gehölze aus Nachbars Garten und auch gegen Wühlmäuse, die im Gegensatz zum Maulwurf ihre Gänge oberirdisch anlegen.

Wie bekämpfe ich Blattläuse auf meinen Blumen?

Ohrenkneifer sammeln

Dahlien, Schneeball und viele andere Blumen haben regelmäßig Blattläuse. Man kann sie auf naturgemäße Weise bekämpfen. Auf die Pfähle der Dahlien und des Schneeballs wird je ein alter Blumentopf gestülpt. In den Blumentopf wird zuvor ein loses zusammengeknülltes Stück Zeitungspapier (noch besser etwas Holzwolle) hineingetan. Diese Blumentöpfe bilden jetzt den Unterschlupf für eine große Anzahl von Ohrenkneifern, die hier vor dem Zugriff durch die Vögel geschützt sind. Tagsüber halten sich die Ohrenkneifer in ihrem Unterschlupf auf, so dass sie nicht störend wirken, während nachts die Blattläuse restlos vernichtet werden.

Blumentopf + Holzwolle

Soll man Rosen im Herbst oder im Frühjahr pflanzen?

Herbstzeit ist Pflanzzeit

Für Rosen ist im Oktober und November die beste Pflanzzeit. Man kann sogar im Dezember noch Rosen setzen, solange wie der Boden noch nicht gefroren ist. Nicht vergessen, vor dem Pflanzen die Wurzeln etwa um ein Drittel ihrer Länge – nur mit scharfer Schere – kürzen. Dann bilden sich an den Schnittstellen schneller die wachstumsfördernden Saugwurzeln.

Tief genug pflanzen

Rosen müssen tief genug gepflanzt werden, die Veredlungsstelle sollte im Boden sein. Achtung: Die Pflanze drückt sich meistens wieder einige Zentimeter nach oben, beziehungsweise der Boden sackt ein. Oben wird nur abgebrochenes oder trockenes Holz entfernt. Richtig zurückgeschnitten werden die neuen und die alten Rosen erst im Frühjahr. Jetzt genügt es, von den alteingesessenen die Knospen, Blüten und alle Triebspitzen in 5 bis 10 cm Länge abzuschneiden.
Werfen Sie das alles in die Biotonne und nicht auf den Kompost. Denn die Spitzen sitzen oft voller schädlicher Pilzsporen, die nur aufs Frühjahr und feuchtwar-

mes Wetter warten, um sich zu entwickeln. Der Pflanzabstand bei Busch- und Edelrosen beträgt so über den Daumen gepeilt 30 bis 50 cm, bei Strauch- und Kletterrosen mindestens das Doppelte.

Wann und wie werden die Rosen im Frühjahr geschnitten?

Beet- und Edelrosen auf drei bis vier Augen zurückschneiden

Wenn Väterchen Frost verschwunden ist, wird es Zeit, die Rosen zu schneiden. Da gibt es ein paar Regeln, zum Beispiel: schwache Triebe tiefer zurückschneiden als starke. So ist bei schwach wachsenden Beet- und Edelrosen ein tiefer Schnitt auf etwa 3 bis 4 Augen angebracht. Augen abschneiden, das klingt barbarisch. Ist es aber nicht, wenn man weiß, dass mit Augen die Blatt- und Blütenknospen gemeint sind. Wer nicht nach Augen schneiden will, der setze die Stiele auf 20 bis 25 cm tief herunter.
An stark wachsenden Busch- und Edelrosen bleiben acht bis zehn Augen stehen, das entspricht dann etwa einer Höhe von 40 bis 45 cm über dem Boden. Alle paar Jahre sollte man einen Verjüngungsschnitt vornehmen. Dabei wird die Schere ziemlich tief angesetzt, wobei es keine Rolle spielt, ob an diesem alten Holz noch ein „Auge" zu sehen ist. Neue Triebe kommen aber bald aus der Veredlungsstelle.

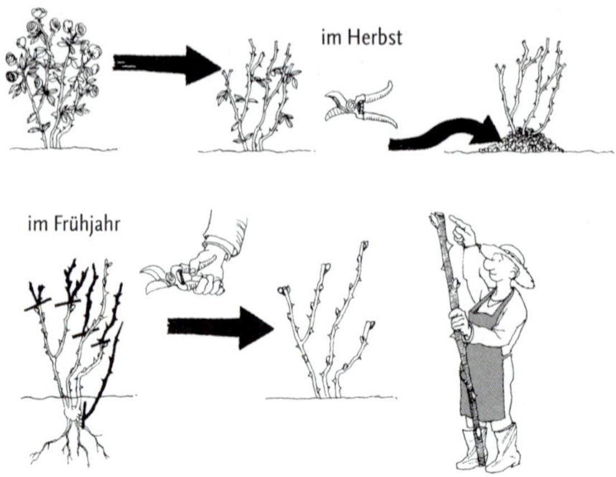

Muss man die Rosen auch im Sommer schneiden? Wenn ja, wie?

Im Sommer brauchen Rosen unsere Hilfe, insbesondere die öfterblühenden. So sollte vor allem alles Abgeblühte abgeschnitten werden, da sich an ansonsten Hagebutten entwickeln, die einer erneuten Blütenbildung nur im Wege stehen. Bei den Wildrosen dagegen sind die Früchte erwünscht, weil sie den Strauch im Herbst schmücken und den im Winter hungernden Vögeln Nahrung bieten.

Nur Abgeblühtes abschneiden

Bei Edel-, Beet- und Kletterrosen sind dagegen Scherenschnitte angesagt. Oberste Regel: Nie zu tief schneiden, sondern nur das Abgeblühte plus zwei Laubblätter, das ist kaum mehr als ein Zentimeter Stiellänge. Der Grund: Weil sich aus jeder Achselknospe eine neue Blüte entwickelt und je tiefer Sie schneiden, um so länger müssen Sie warten, bis die Rosen wieder blühen. Da hat mal einer ausgerechnet, dass es bei einem Rückschnitt um die Hälfte der Stiellänge 60 Tage dauert, bis neue Blüten erscheinen. Schneidet man dagegen die Rosen nur einen halben Zentimeter tief zurück, beträgt die Wartezeit nur ganze 20 Tage.

Für die Vase kurze Stiele frühmorgens abschneiden

Das soll natürlich niemanden davon abhalten, Edelrosen für die Vase zu schneiden. aber Rosen mit kurzen Stielen sind genauso schön. Übrigens Rosensträuße sollten am besten in aller Frühe geschnitten werden, dann, wenn sie noch prall und fest vom Tau- und Bodenwasser sind. Dann schnell ins Wasser mit den Schönen, Frischhaltemittel dazugeben – und die Pracht und Herrlichkeit der Rosen bleibt tagelang erhalten.

Wie werden Kletterrosen geschnitten?

Nur Verjüngungsschnitt

Diese schönen Dornröschen sollte man möglichst in Ruhe lassen. Nur ältere, stark holzige Triebe werden

dicht am Boden abgeschnitten. Diese Verjüngungskur beginnt bei Zweigen, die mindestens drei Jahre alt sind. Durch das Auslichten gibt es eine Menge junger Triebe und einen reicheren Blütenflor.
Apropos Jungtriebe, das sind nicht etwa Wildlinge, weil sie so schlaksig herumhängen, sondern gewissermaßen Herz und Seele rankender Rosen. Wildlinge haben in der Regel mehr Blattpaare.

Wie kann man am sichersten Hochstammrosen über den Winter bringen?

Krone herunterbiegen und mit Erde bedecken

Junge Hochstammrosen werden zum Schutz vor Frost heruntergebogen, die Kronen mit Haken aus starkem Draht festgesteckt und mit einem 20 cm hohen Erdmantel bedeckt. Aufpassen, der untere Teil des Stammes ist besonders bruchgefährdet! Bei schwerem Boden kann man die Krone mit Nadelholzreisig oder auch mit Stroh abdecken.

Krone mit Fichtenzweigen umbinden

Von älteren Stammrosen, die sich nicht mehr biegen lassen, wird die Krone mit Fichten- oder Tannenzweigen oder Stroh ausgefüllt und vorsichtig zusammengebunden. Auf keinen Fall die Rosen mit Folie oder Ölpapier einhüllen, weil sich bei Sonnenschein die Luft im Inneren erwärmt, die Rose antreibt und es deshalb zu Frostschäden kommen kann.

Wie kann man Rosen läusefrei halten?

Läuse haben natürliche Feinde, zum Beispiel Marienkäfer und Ohrenkneifer

Läuse lieben Rosen und saugen gern an jungen Trieben und Knospen. Wer nicht spritzen will, schütze die natürlichen Feinde der Läuse, wie Ohrenkneifer, Florund Schwebefliegen, Meisen und Marienkäfer sowie deren Larven. So verspeist eine Marienkäferlarve zum Beispiel 80 Blattläuse am Tag. Ohrenkneifer gehen nachts auf Läusejagd, auch ihr Appetit ist beträchtlich.

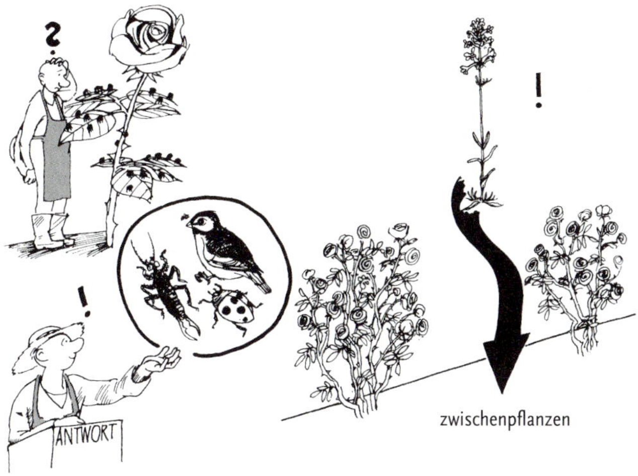

Man sollte ihnen durch mit Holzwolle gefüllte und verkehrt herum aufgehängte Tontöpfe eine Heimstatt bieten.

Lieblingspflanzen von Läusen zwischen die Rosen pflanzen

Man kann aber auch die Rosen, vorausgesetzt, sie stehen in ausreichendem Abstand voneinander, von Läusen freihalten durch die attraktive Zwischenpflanzung von Kapuzinerkresse, Lavendel beziehungsweise Tagetes. Die Wirkung ist indirekt, das heißt durch die größeren Pflanzabstände der Rosen kommt es sowieso zu geringerem Befall. Kapuzinerkresse zieht die Läuse an. Dagegen scheuen Läuse Tagetes und Lavendel wegen des starken Duftes. Eine direkte Bekämpfung kann mit biologischen, nützlingsschonenden Präparaten vorgenommen werden; Steinmehl über verlauste Rosen stäuben, gezielt mit starkem Wasserstrahl spritzen usw.

Meine Rosen verlieren früh im Jahr die Blätter. Woher kommt das?

Gegen Pilzkrankheiten vorbeugen

Die Rosen sind dann meist vom Sternrußtau befallen. Eine Pilzkrankheit, die sich vor allem bei feuchtem Wetter und an geschwächten Pflanzen breitmacht.

Wie bei allen Pilzkrankheiten sollte man vorbeugend etwas tun: Regelmäßig düngen und den Boden mit Teeabfällen mulchen. Direkte Bekämpfung: Holzasche ausstreuen, mit Schachtelhalm-Tee spritzen, nur bei sehr starkem Befall Spritzmittel aus dem Gartenfachhandel einsetzen. Außerdem lohnt es, die heruntergefallenen Blätter aufzusammeln und in die Biotonne zu werfen, da die Infektion immer wieder von diesen Blättern ausgeht.

Resistente Sorten auswählen

Und noch ein Tipp: Sollten Sie Ihre Rosen mit dem Schlauch wässern oder gießen, bitte dabei nicht die Blätter benetzen. Außerdem bei Neuanlagen nur Sorten pflanzen, die weitgehend gegen Sternrußtau und Mehltau widerstandfähig sind.

Ist es wahr, dass die Früchte der Rosen, die Hagebutten, genießbar sind und dass sie viele Vitamine enthalten?

Hagebuttenmarmelade ist die vitaminreichste

Rosen, die wir wegen ihrer Blüten lieben, wurden früher zu weitaus profaneren Zwecken verwendet. So schätzte man sie als Zaubermittel gegen Liebeskummer und vielerlei Krankheiten. Dahinter verbirgt sich Reelles. Schließlich sind die Hagebutten (die Früchte der Rose) voller Vitamine und Mineralstoffe. So enthalten 100 g Fruchtmark 500 bis 1150 mg Vitamin C, also viel mehr als Zitronen, die es nur auf 60 bis 100 mg bringen. Außerdem besitzen Hagebutten noch die Vitamine K, P und das Provitamin A. Darüber hinaus sitzen die Früchtchen voller Mineralstoffe wie Kalzium, Kalium, Natrium, Magnesium, Eisen und Phospor.
Aus diesen kerngesunden Hagebutten lässt sich Leckeres zubereiten: Likör und Marmelade zum Beispiel sowie Saft. Durch den hohen Vitamin-C-Gehalt werden die Abwehrkräfte gestärkt und man übersteht den Winter ohne Grippe oder Erkältungen.

Meine Stauden stehen seit fünf Jahren an der gleichen Stelle und blühen nicht mehr so freudig. Ist der Boden verbraucht?

Stauden müssen zur Verjüngung geteilt und neu gepflanzt werden

Stauden sind keine Gehölze, sie müssen im Gegensatz zu diesen alle paar Jahre geteilt und wieder neu gepflanzt werden, aber nach Möglichkeit nicht alle wieder an derselben Stelle. Ein Wechsel des Standorts ist angebracht, weil der Boden von jeder Art spezifisch ausgelaugt ist. Es empfiehlt sich, die neue Pflanzstelle mit organisch-mineralischem Dünger, der einem abgelagerten Kompost untergemischt wird, zu aktivieren. Die Teilung bewirkt neue Wurzelbildung und damit gutes oberirdisches Wachstum. Keine Regel ohne Ausnahme: Pfingstrosen möglichst nicht umpflanzen. Wenn sie jahrelang eingesetzt bleiben, werden sie erst richtig schön.

Wie tief pflanzt man Blumenzwiebeln? Welche Arten bleiben im Boden, und welche muss man herausnehmen?

Die meisten Blumenzwiebeln bleiben im Boden

Im Allgemeinen pflanzt man die Zwiebeln so, dass ihre Spitze ungefähr so tief wie der doppelte Zwiebelumfang in der Erde liegt. Die Spitze zeigt nach oben. Die meisten Blumenzwiebelgattungen brauchen nicht umgepflanzt oder im Herbst aus dem Boden herausgenommen werden. Sie bleiben jahrelang, wenn nicht gar ihr ganzes Leben an derselben Stelle. Das gilt für Zwergnarzissen, Krokusse, Prärielilien, die *Allium*-Arten, Kaiserkrone, Holländische Iris und fast alle niedrig bleibenden Blumenzwiebeln, die sich für Blumenrasen genauso eignen wie zum Verwildern oder auch für Steingärten, in denen man sowieso nicht so viel herumgraben sollte. Auch in der Erde bleiben dürfen zum Beispiel Schneeglanz, Traubenhyazinthen, Schneeglöckchen, Blausternchen, Milchstern, Anemonen und Botanische Tulpen.

Meine Stiefmütterchen keimen nicht. Was mache ich falsch? Wie und wann wird gesät?

Stiefmütterchensamen niemals austrocknen lassen

Stiefmütterchen können und sollen von Mai bis September ausgesät werden. Dazu der Experten-Tipp: Flach säen, Samen nur leicht bedecken, gut andrücken für den wichtigen Anschluss an die Wasserführung des Bodens, niemals austrocknen lassen, Saatbeet schattieren. Außerdem empfiehlt es sich, den Samen zusammen mit trockenem Sand zu reiben, dann nämlich verschwindet die ölhaltige, keimhemmende Schicht. Eine Methode, die guten Erfolg bringt: Den Samen gut andrücken, aber nicht mit Erde bedecken. Mit Leinen- oder Jutesäckchen abdecken und diese ständig bis zum Aufgehen der Saat gut feucht halten.

Mein Pampasgras erfriert jeden Winter. Was soll ich tun?

Pampasgras braucht Winterschutz

Pampasgras braucht dringend einen Winterschutz, der durch das Zusammenbinden der Halme am besten gewährleistet wird. Am besten den Schopf oben so fest zusammenbinden, dass in das Innere der Pflanze, das „Herz", keine Feuchtigkeit gelangen kann und das Wasser an den äußeren Blättern herunterläuft. Nur so gelingt es, das Pampasgras vor Frost und Fäulnis zu bewahren. Die Wurzel sollte zusätzlich mit einer dicken Schicht grobem Kompost oder Fichtenreisig zugedeckt werden.

Gibt es Kakteen, die im Garten wachsen und unsere Winter überstehen?

Opuntien sind winterhart

Es gibt tatsächlich winterharte Feigenkakteen, deren stachelige Glieder sich von Juni bis Juli mit meist gelben aber auch roten Blüten schmücken. Diese botanisch Opuntien genannten Stauden brauchen im Garten einen sonnigen Standort. Die Erde sollte mit grobem Kies locker und durchlässig gemacht werden.

In meinem Gartenteich schwimmen mehr Algen als Wasserpflanzen. Wie kommt das und wie werde ich sie los?

Algen entwickeln sich bei nährstoffreichem Wasser

Schuld ist zu nährstoffreiches Wasser. Und das kommt vor, wenn die Pflanzen zu sehr gedüngt und/oder die Fische zu gut gefüttert werden. Zunächst einmal kann man die Algen mit einem Kescher herausfischen.
Es empfiehlt sich, zusätzlich solche Pflanzen in den Teich zu setzen, die viel Nährstoffe verbrauchen, zum Beispiel Rohrkolben und Simse. Der Teich muss ein Gleichgewicht entwickeln – Geduld haben.

Ich möchte Seerosen in meinen Gartenteich pflanzen. Was muss ich dabei beachten?

Seerosen brauchen unterschiedliche Wassertiefen, Sonne und ruhiges Wasser

Seerosen brauchen, je nach Sorte unterschiedliche Wassertiefen. Diese sind am Pflanzenetikett angegeben. Manche Sorten wollen einen niedrigen Wasserstand von 20 bis 40 cm; sie bedecken eine Fläche von im Durchmesser 25 bis 75 cm. Andere fühlen sich bei einer mittleren Wassertiefe von 40 bis 80 cm wohl (bedeckte Wasserfläche dann 100 bis 130 cm), und einige entwickeln sich am besten, wenn ihre Wurzeln 80 bis 100 cm und auch noch tiefer stehen; diese decken eine Wasserfläche von 150 bis 180 cm zu. Den Seerosentopf stelle man zuerst auf umgestülpte Töpfe oder Steine, so dass er nur 10 cm tief vom Wasser umspült wird. Erst wenn sich mehrere Blätter gebildet haben, kommt er in die vorgeschriebene Tiefe.
Alle Sorten verlangen einen Platz an der Sonne, die das Wasser durchwärmt. Auch brauchen sie ein ruhiges Gewässer, das nicht von plätschernden Springbrunnen bewegt wird.

Rasen

Ich will einen Rasen neu anlegen. Was muss ich dabei beachten?

Nur 20g/m² aussäen, leicht einharken, Erde leicht andrücken und feucht halten

Stets etwas mehr an Rasensamen kaufen als man wirklich braucht, weil Nachsaaten später nötig werden können. Nicht zu dünn säen, man rechnet etwa 20 g/m². Die Menge auf einer Briefwaage abmessen und dann auf 1 m² verteilen. Die Aussaat mit der Hand oder besser mit einem Streuwagen vornehmen. Den Samen fest walzen oder mit einer Holzharke leicht einrechnen und nochmals walzen. Dabei darf der Boden nicht nass sein, da er sich sonst verdichtet. Man kann auch die Erde mit Trittbrettern festtreten. Solche Trittbretter sind schnell selbst angefertigt: Einfach eine Schlaufe über ein viereckiges Brettchen nageln.

Nach dem Säen entweder regelmäßig gießen, das heißt täglich, bei großer Trockenheit sogar zwei- bis dreimal, oder überhaupt nicht sprengen und sprühen. Die Keimdauer der Rasengräser liegt je nach Bodentemperatur und Sorte zwischen 8 und 14 Tagen. Der erste Schnitt erfolgt erst, wenn die Rasengräser etwa 8 cm hoch sind.

Es wird soviel vom Rasen vertikutieren geredet. Was bedeutet das eigentlich?

Boden nur bei Trittrasen lockern, nicht die Blumenwiese

Vertikutieren heißt senkrecht schneiden, was soviel bedeutet wie den Boden lüften, ihn reinigen und entfilzen. Da ist eine Menge dran, denn der Rasen hat viel auszuhalten, das Trippeln und Laufen und Rennen vieler beschuhter und bloßer Füße, den Druck des Rasenmähers und natürlich Schnee und Regen. Und wenn dann die Sonne heftig auf unsere Wiese scheint, wird die Rasenerde dicht und fest, die Rasenwurzeln kriegen keine Luft, gelbe und braungelbe Fle-

cken zeigen sich, kurzum: Der Rasen wird ein einziges Ärgernis. Also, Luft und Wasser muss an die Rasenwurzeln, und genau das machen die Vertikutiergeräte.
Mit den Vertikutiergeräten, die einmal kreuz und quer über den Rasen geführt werden, bleiben vertrocknete Rasengräser genauso auf der Strecke wie Moos und breitblättrige Unkräuter. Pilzkolonien entwickeln sich nicht mehr, und der Rasen wird wieder grün, gesund und munter.

Mein Rasen ist voller Moos. Was soll ich bloß machen?

Für Moos im Rasen sind Bodenübersäuerung, Staunässe und Bodenverdichtung aufgrund zu geringen Bodenlebens, Mangel an Humus und Nährstoffen sowie Schatten verantwortlich zu machen. Da muss vor allem die Bodensäure neutralisiert und die Bodenlebewesen aktiviert werden, die wiederum die Nährstoffe für die Gräser erschließen. Wie viel Kalk dem Boden fehlt, ermittelt ein Kalkprüfer in Tablettenform. Danach wird dem Rasen am besten kohlensaurer Kalk zugeführt. Mit einer anschließenden Eisenversorgung (zum Beispiel mit Eisendünger) verschwindet das Moos in wenigen Wochen. Die Kur muss jährlich wiederholt werden.

Moos ist ein immergrüner Bodendecker

Wenn der Rasen nicht durch Spielen strapaziert wird, kann das Moos – eine natürliche, immersattgrüne Bodendecke – im Rasen ruhig überhand nehmen. In Japanischen Gärten wird die Oberfläche des Gartens oft nur von Moosen bestimmt.

Manche Hobbygärtner düngen ihren Rasen noch im Oktober. Ist diese späte Düngung zu empfehlen?

Im September/ Oktober 30g/m² ausbringen

Sehr zu empfehlen ist die Düngung im Spätherbst. Das ist eigentlich gar nicht so ungewöhnlich, denn einmal kräftigen sich die Rasengräser dadurch ganz beträchtlich und sind natürlich widerstandsfähiger und gesünder; zum anderen haben das lästige Moos und auch das Unkraut dann keine Chance, sich im wüchsigen Rasen breitzumachen. 30 g Rasendünger je Quadratmeter sind auszubringen. Man sollte meinen, dass eine Düngung im Herbst überflüssig und sogar falsch wäre, weil das die Gräser zu neuem Wachstum anregen würde. Gewiss bleibt das satte Grün erhalten, nur lösen sich in kalten Wintertagen nicht alle Nährstoffe auf. Das passiert erst im Frühjahr, wenn die Sonne wieder für Wärme sorgt. Dann aber hat ein herbstgedüngter Rasen einen Riesenwachstumsvorsprung vor allen anderen. Eine Wiese bitte nicht düngen! Viele Blumen haben sich an nährstoffarme Böden angepaßt und werden bei einer Düngung von starkwüchsigen Gräsern verdrängt.

Muss man den Rasen regelmäßig düngen, um ihn schön grün zu halten?

Rasen braucht ständig Dünger

Ein Rasen ohne Düngung kann einfach nicht existieren, da mit dem Rasenschnitt ein ständiger Nährstoffentzug verbunden ist. Und dieser regelmäßige Rasenschnitt muss sein, damit der Rasen dicht und fest wird. Es bedeutet so etwas wie eine gesunderhaltende Heilbehandlung, vor allem, wenn es sich um einen vielbegangenen Spielrasen handelt.

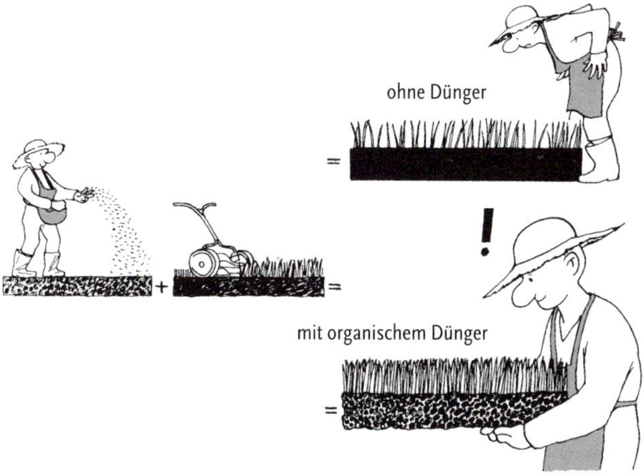

Einen humosen, lebendigen Boden erhalten

Bei der Neuanlage eines Rasens soll der Boden zusätzlich organischen Dünger erhalten. Um zu dem Idealzustand eines Bodens, zur Krümelstruktur zu gelangen, bedarf es Humus erzeugender Kleinlebewesen im Boden. Sie leben von organischen Substanzen. Bereits wenige Jahre nach der Neuanlage hat ein Rasen, wenn er laufend gut gedüngt wird, aus den abgestorbenen unterirdischen Pflanzenteilen und toten Rasenhalmen einen humosen Bodenhorizont aus nährstoffreichem, organischem Material aufgebaut, in dem Kleinlebewesen leben können. Auf Luftzufuhr muss allerdings geachtet werden.

Mit Langzeitdünger düngen, organisch-mineralisch

Bei der Düngung beachten, dass mineralische Dünger mit schnell löslichem Stickstoff sorgfältig verteilt werden, damit der Rasen nicht durch Überkonzentration verbrennt. Ein wichtiger Grund, bei der Düngung möglichst nur Spezial-Rasendünger mit Langzeitwirkung zu verwenden – 30 g je Quadratmeter sind empfehlenswert.

Mein Rasen ist vor allem im Sommer voller gelber und brauner, trockener Gräser. Wie kann ich feststellen, wann er Wasser braucht?

Wasserbedarf, des Bodens kontrollieren, Rasenstück abheben

Gelbe oder braune Grasspitzen sind kein sicheres Indiz für Wassermangel, weil diese auch andere Ursachen haben können. Deshalb ist folgende Methode zur Feststellung der Feuchtigkeit im Rasenboden besser: Mit dem Spaten ein 10 cm dickes Rasenstück ausheben. Ist es zu einem Viertel oder gar zur Hälfte trocken, wird es höchste Zeit für „Wasser marsch“.
Zu empfehlen ist künstlicher Regen, weil aus den Regnern das Wasser staubfein herunterfällt und sich auf seinen Weg zur Erde noch erwärmt.

Der Maulwurf tummelt sich unter meinem Rasen; wie werde ich ihn wieder los?

Maulwürfe sind nützlich

Zunächst sei festgestellt: der Maulwurf ist geschützt, er darf unter keinen Umständen getötet werden.
Man darf ihn also nur vertreiben.
Dies ist möglich, indem man die Gänge sucht und mit stark riechenden Substanzen, wie Petroleum oder Terpentin getränkte Lappen in die Gänge einbringt.
Im Handel gibt es zudem so genannte Vergrämungsmittel, die erlaubt und giftfrei sind. Es geht auch so: An verschiedenen Stellen des Gartens einen Pflock in die Erde einschlagen und in unregelmäßigen Abständen mehrmals täglich an den Pflock schlagen. Durch

den Lärm und die Erschütterung wird der Maulwurf bald weiterziehen. Ähnlich wirkt das Eingraben von Flaschen. Die Flaschenöffnung sollte etwa 10 cm aus dem Boden ragen. Jede Luftbewegung verursacht einen säuselnden Ton in der Flasche, der sich durch die Erde fortsetzt und dem Maulwurf, der eben sehr geräuschempfindlich ist, keine Ruhe lässt.

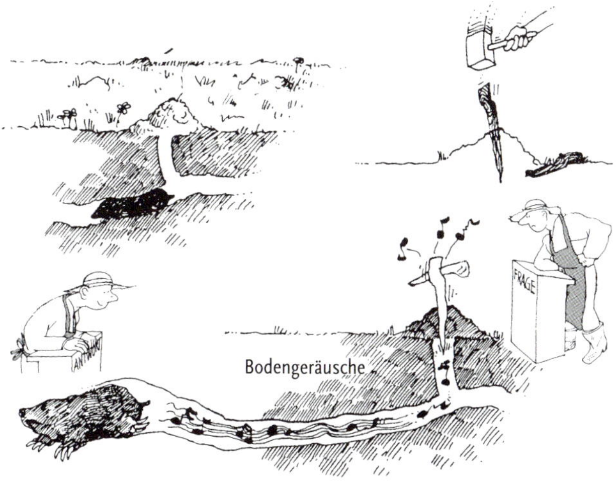

Auf dem Speisezettel des zu Unrecht wenig beliebten Maulwurfs stehen eine Menge Schädlinge wie Engerlinge, Nacktschnecken und Maulwurfsgrillen, die sie ratzeputz verzehren. Denn ein Maulwurf muss täglich soviel fressen wie er selbst wiegt. Außerdem: die humusreiche Maulwurfshügel-Erde ist besonders fein gekrümelt und lässt sich hervorragend als Balkon- und Zimmerpflanzenerde verwenden.

Maulwurfshügelerde vom Rasen abheben und als Pflanzerde verwenden

Wann kann ich meinen Rasen im Frühjahr mähen, ohne die darin wachsenden Frühjahrsblüher zu beschädigen?

Mäher auf die höchste Stufe stellen oder Blumen umfahren

Es kommt darauf an, welche Frühjahrsblumen im Rasen wachsen. Handelt es sich um kleine Primeln, Tausendschönchen und Wildkrokusse, ist das kein

Problem: Einfach den Mäher auf die höchste Stufe stellen. Das ist auch deshalb zu empfehlen, weil der erste Schnitt ohnehin nicht zu tief angesetzt werden sollte. Bei Schneeglöckchen, Zwiebel-Iris, Märzenbecher, Narzissen und großblumigen Krokus muss man mit dem Rasenschnitt warten, bis sie verblüht und die Blätter vergilbt sind. Wer aber unbedingt den Rasen mähen will, kann die Blumenzwiebeln mit ihren ganzen Wurzelballen aus dem Rasen heben und an einem verdeckten Gartenplatz in Ruhe einziehen lassen. Dazu stellt man sie dicht bei dicht in ein Furche und deckt sie mit Kompost ab.

Kann das Mähgut auf dem Rasen liegenbleiben?

Mähgut ist Humus und düngt

Wenn Sie oft mähen und den Rasen „englisch" kurz halten, fällt nur wenig Mähgut an. Das kann liegenbleiben, weil es schnell vertrocknet und durch den Neuzuwachs der Gräser überdeckt wird und auf diese Weise für eine vorzügliche wachstumsfördernde Bodengare sorgt.

Mähgut ist gut zum Mulchen

Bei größeren Mähabständen fällt eine Menge Gras an, das unter Hecken und Sträuchern verteilt, von Bodenbakterien zu Humus abgebaut wird. Das Mähgut lässt sich also gut zum Mulchen verwenden. Diese Abdeckung verhindert das Austrocknen des Bodens im Sommer.

Meine ausgesäte Blumenwiese war im ersten Jahr toll, dann kamen aber keine Blüten mehr. Warum ist das so?

Wilde Blumen für lebendige Gärten

Blumenwiesen sind ein etwas heikles Thema. Viele Gartenbesitzer haben es schon erfahren müssen, wenn nach der Anlage einer Blumenweise nach dem ersten Vegetationsjahr keine Folgeblüten mehr zustande kamen.
Hier ein paar Aussaathinweise:

Bodenbearbeitung:
Der Boden muss nährstoffarm, gut gelockert und in eine feinkrümelige Struktur gebracht werden.

Aussaatmenge:
Eine Fläche von 10 bis 100 m^2 abstecken und die entsprechende Menge Saatgut ausbringen (1,5–2 g/m^2). Bei der Wahl der Samenmischung muss man auf die jeweiligen Boden- und Standortbedingungen achten.

Aussaatzeitpunkt:
Am besten zwischen Mai und Oktober.

Pflege:
Um eine Konkurrenz durch andere Pflanzen zu verhindern, erfolgt der erste Schnitt acht bis zehn Wochen nach der Aussaat. In den Folgejahren sind je nach Blütenflor zwei bis drei Schnitte wichtig. Auf eine Düngung kann und sollte verzichtet werden. Dies würde nur den Graswuchs fördern und die wunderschönen Wiesenblumen verdrängen.

Bäume und Sträucher

Warum sollte man beim Pflanzen von Bäumen und Sträuchern die Zweige zurückschneiden und die Wurzeln kürzen?

Rückschnitt der Zweige bei Laubgehölzen verringert die Verdunstungsfläche und ist deshalb notwendig

Um mit den Wurzeln anzufangen: Sie werden nicht zurückgeschnitten – auch nicht bei Rosen – sondern nur die beschädigten oder die zu langen Wurzeln entsprechend gekürzt.
Wichtig ist der Rückschnitt der oberirdischen Teile, um die Verdunstungsfläche möglichst klein zu halten. Die Pflanzen können nach dem Auspflanzen noch nicht soviel Wasser transpirieren. Aus diesem Grund erfolgt die Pflanzung von laubabwerfenden Gehölzen fast immer nach dem Laubabfall, eine Ausnahme machen Pflanzen, die im Container angezogen wurden. Rosen werden sogar vor dem Herausnehmen aus der Erde in der Baumschule entlaubt.
Mit dem Rückschnitt wird auch das Verhältnis zwischen dem oberirdischen Pflanzenteil und dem Wurzelwerk ausgeglichen, denn beim Ausgraben ist es nicht möglich, das gesamte Wurzelwerk der Pflanze zu erhalten.

Nadelgehölze werden beim Pflanzen nicht zurückgeschnitten

Vom Rückschnitt verschont bleiben alle immergrünen Laub- und Nadelgehölze, sie werden deshalb mit festem Wurzelballen geliefert und wachsen auch im Winter weiter. Sie müssen deshalb auch im Winter gegossen werden.

Wieso sollen Koniferen unbedingt mit einem Wurzelballen umgepflanzt werden?

Beim Umpflanzen von Koniferen ist darauf zu achten, dass sie als immergrüne Pflanzen ständig Feuchtigkeit verdunsten. Ihr Wurzelwerk ist meist sehr locker und hält die Erde nur schwer fest. Fällt sie beim Verpflanzen heraus, vertrocknet das Nadelgehölz daher recht schnell. Um ein gutes Anwachsen zu garantieren, muss das Wurzelgeflecht vorsichtig behandelt werden, damit viel Erde haften bleibt. In dieser Erde leben bei den Koniferen bestimmte Pilze an den Wurzeln, die mit der Pflanze eine Lebensgemeinschaft bilden. Beide profitieren voneinander. Bei Nadelgehölzen, die außergewöhnlich schlecht einen Ballen halten, empfiehlt es sich, wenn der Boden leicht gefroren ist, diese mit einem Frostballen auszustechen und bei offenem Boden in eine geräumige Pflanzgrube wieder einzusetzen. Das Pflanzloch kann auch im Herbst vorbereitet werden. Die Pflanzerde sollte mit grobem Kompost verbessert werden.

Koniferen verdunsten ständig Feuchtigkeit und müssen die Wurzeln zur Wasseraufnahme behalten

Meine Immergrünen sind im letzten Winter erfroren. Was habe ich falsch gemacht?

Sie haben nichts falsch gemacht, nur etwas nicht beachtet! Immergrüne Gehölze, neben Fichten, Tannen und Kiefern auch Rhododendren, Buchsbäume, Ilex, Lorbeerkirschen und andere immergrüne Laubgehöl-

Immergrüne verdunsten auch im Winter Wasser und müssen deshalb gegossen werden

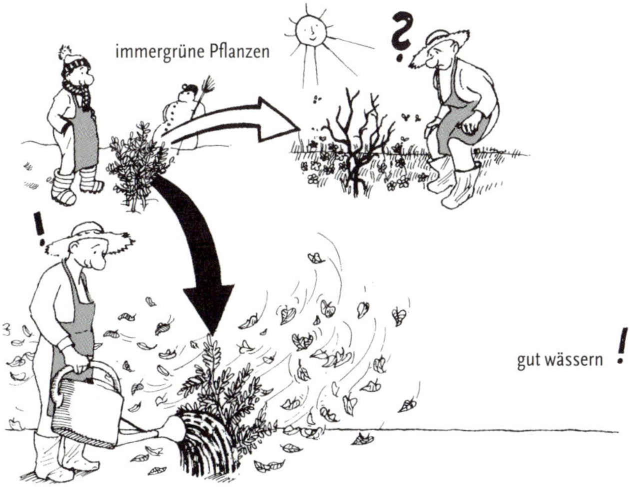

ze, verdunsten auch in der kalten Jahreszeit Wasser, so dass sie im Winter vertrocknen, also nicht erfrieren. Das bedeutet, im Spätherbst gründlich wässern und auch den Winter hindurch mit Wasser versorgen. Auch deshalb, weil die Kronen wie ein Regenschirm Schnee und Regen abhalten. Natürlich wird nur gegossen, wenn der Boden nicht gefroren ist. Unser Spezialtipp: Den Schnee unter die Immergrünen kehren.

Von meinen Kiefern fallen ständig Nadeln ab. Liegt das am sauren Regen?

Auch Immergrüne lassen naturgemäß Nadeln fallen

Wenn Kiefern, Fichten oder Tannen die Nadeln fallen lassen, so liegt das nicht immer am sauren Regen. Denn unsere Nadelgehölze reinigen sich alljährlich von alten trockenen Nadeln, ähnlich, wenn auch nicht so konsequent, wie die laubabwerfenden Bäume und Sträucher im Herbst.

Gehölzkenner haben ausgerechnet, dass unsere Koniferen alle sechs bis sieben Jahre ihre sämtlichen Nadeln auswechseln. Natürlich, von Lärchen, Urweltmammutbaum und Sumpfzypressen einmal abgesehen, nicht alle auf einmal.

Die Ursachen für allzu starke Nadelverfärbungen liegen woanders. Sie sind auf Trockenheit, auf mangelhafte Ernährung, auf ungesunde Bodenverhältnisse zurückzuführen.

Kurzum: Schäden, die vom Boden ausgehen, machen sich durch das Verbräunen der Spitzentriebe bemerkbar. Bei der Pflanzung von Nadelgehölzen und immergrünen Laubgehölzen wie Rhododendron, Kirschlorbeer, Stechpalmen und anderen sollte deshalb die Bodenvorbereitung mit größter Sorgfalt vorgenommen werden. Das heißt: Die Pflanzstelle zwei Spaten tief ausheben, die ausgehobene Erde zerkleinern und mit wachstumsfördernden Zusätzen wie organischen Düngen, Kompost oder Rindenmulch mischen.

Kann man Wacholderbeeren ernten und verwerten?

Wacholderbeeren vom Strauch klopfen

Wacholderbeeren kann man nicht einfach pflücken wie Äpfel oder Birnen, da die Nadeln ganz schön pieken. Es empfiehlt sich deshalb, ein Tuch oder eine Plastikfolie unter den Strauch zu legen und solange mit einem Stock an die Äste zu klopfen, bis die Beeren herunterfallen. Dann werden sie gesäubert, getrocknet und fest verschlossen aufbewahrt. Übrigens, als bester Beerenlieferant gilt der Gemeine Wacholder, botanisch *Juniperus communis*.

Wie werden Rhododendren geschnitten?

Rhododendren treiben auch bei rigorosem Schnitt wieder willig aus

Rhododendren und Gartenazaleen werden besser überhaupt nicht geschnitten; hier sind nach dem Abblühen nur die Samenansätze – am besten mit der Hand – zu entfernen, die nicht nur hässlich aussehen, sondern die Pflanzen auch unnötig schwächen. Gelegentlich wird ein Verjüngen älterer Pflanzen notwendig sein. Dieser Schnitt kann im Spätwinter (auch noch bis zur Blütezeit) erfolgen, da man zu dieser Zeit bereits die Knospen erkennen und schonen kann. Der Schnitt kann rigoros sein (20 cm über dem Boden), Rhododendren treiben auch von unten wieder willig aus.

Ich fürchte, dass die Wurzeln von Klettergehölzen wie Wilder Wein, Trompetenblume und Efeu die Hauswand beschädigen. Oder ist das ein Gerücht?

Efeu und Wilder Wein – die Fassadenkletterer halten Feuchtigkeit ab

Kletter- und Rankpflanzen wie Wilder Wein, Glyzinen, Kletterhortensien und Clematis blühen und grünen nicht nur, dass es eine wahre Freude ist, sondern sparen auch Energie durch Wärmedämmung und filtern dazu Lärm und Staub. Manche Hausbesitzer haben da so ihre Bedenken. Sie meinen, die Wurzeln der grünen Fassadenkletterer würden den Hausputz beschädigen und zerbröckeln. Dazu muss man wissen, dass sich nur die Ranken des Efeus und des Wilden Weins selbst mit Haftscheiben festhalten. Die Haftscheiben kleben zwar an der Fassade, saugen aber auch die Feuchtigkeit ab und halten das Haus trocken. Auch die Blätter wirken wie Schindeln und weisen das Wasser ab.

Alle andern Lianen brauchen Haltevorrichtungen: Holzspaliere in quadratischen Raster oder Scherengitter. Auch Spanndrähte eigenen sich, die einfach durch Schlaufen gezogen werden. Wer will, kann fertige Klettergerüste senkrecht, waagerecht oder strahlenförmig an der Hauswand anbringen. Bewährt haben sich verzinkte oder kunststoffummantelte Drahtmatten, denen Rost nichts anhaben kann. Mit diesen Kletterhilfen ist das Problem gelöst: Gerüste halten die Pflanzenwurzeln von der Fassade ab.

Ich habe kein Glück mit Clematis, die nach dem Pflanzen allesamt eingegangen sind. Was mache ich falsch?

Clematis brauchen tiefgründigen, feuchten Waldboden

Clematis, die in Töpfen, manchmal sogar blühend erhältlich sind, müssen tief in die Erde. Die Töpfe werden vor dem Pflanzen in einem Eimer mit Wasser getaucht, die Clematis ausgetopft und so tief gepflanzt, dass der Wurzelhals 3 bis 4 cm tief in die Erde kommt. Das 40 bis 50 cm tiefe Pflanzloch mit dem Aushub (angereichert mit ein paar Händen voll organischem Dünger) wieder füllen, Erde fest andrücken und die Triebe etwa in 20 cm Höhe abschneiden. Sollte die Clematis schon blühen, wird sie erst später zurückgeschnitten. Wichtig bei Clematis ist, dass sie einen kühlen, schattigen Wurzelbereich haben, der Kopf aber in der vollen Sonne steht. So gedeihen und blühen sie am schönsten.

Welcher Sinn hat eine Mulchdecke bei Gehölzpflanzungen?

Mulchen hält die Erde feucht und liefert Dünger

Mulchen bedeutet, den Boden mit organischem Material zu bedecken und davon fällt im Garten eine ganze Menge an: Grasschnitt, Laub, zerkleinerte Gemüse- und Blumenreste oder halbfertiger Kompost. Ungeeignet sind Blätter oder Pflanzenteile, die von Krankheiten befallen sind, zum Beispiel Rosenblätter, auf denen sich Mehltau- oder Rostpilze befinden. Dieses Laub kommt mit den Stielen in die Biotonne. Die Mulchdecke, die etwa 6 bis 8 cm hoch sein soll, wird vor allem im Nutzgarten angewendet.
Sie schützt die Pflanzen vor Trockenheit und hält die Erde lange feucht und locker. Die organischen Stoffe werden dabei von den so wichtigen Bodentierchen als Nahrung angenommen und in Humus umgesetzt. In diesem feuchtwarmen Biomantel fühlen sich die lebensnotwendigen Mikroorganismen genauso wohl wie der nützliche Regenwurm und seine ganze Familie.

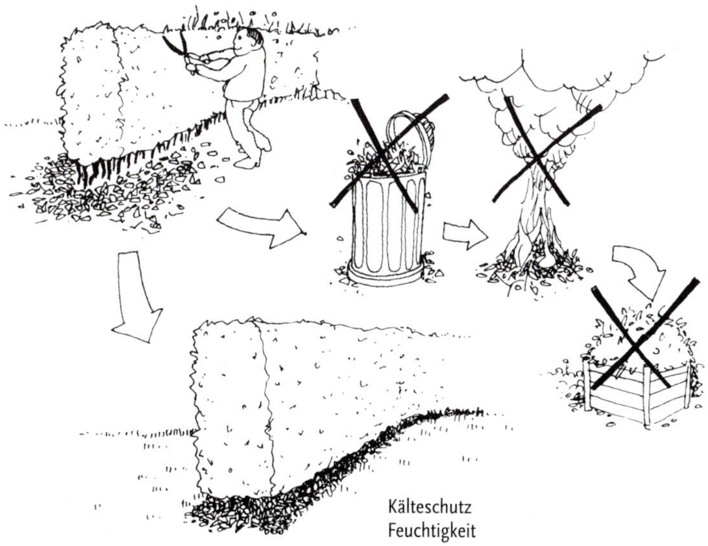

Auf den Ästen und am Stamm meiner Bäume bildet sich ein silbrig blaugrüner Belag. Was ist das und schädigt er die Bäume?

Moose und Algen an Bäumen schaden nicht

Bei diesen Bäumen ist die Welt noch in Ordnung, weil die Flechten, Moose und Algen, die den blaugrünen Belag auf den Bäumen hervorrufen, ein Indiz für saubere Luft sind. Dem Baum schaden sie nicht.

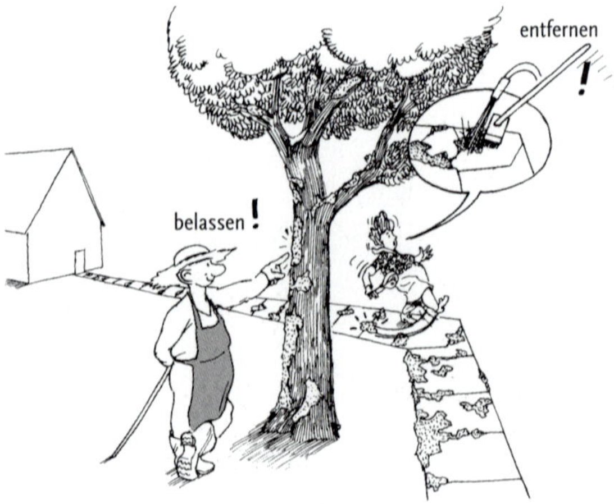

Algen auf Platten bei ganz trockenen Wetter abbürsten

Anders ist es, wenn Algen auf Wegplatten und Steinen Rutschgefahr heraufbeschwören. Dagegen muss man etwas unternehmen. Am umweltfreundlichsten ist das Abwaschen mit einer Schmierseifenlösung. Noch wirkungsvoller ist, bei trockenem Wetter mit einer Drahtbürste oder einem strammen Besen abzufegen, beziehungsweise abzubürsten.

Wie weit muss ich die Hecke (als Sichtschutz) von der Grundstücksgrenze pflanzen?

Nachbarrecht ist Landesrecht

Grundsätzlich darf der Eigentümer auf seinem Grundstück pflanzen, was und wie er will. An der Grundstücksgrenze muss er aber auf den Nachbarn achten, und damit es zu keinen einseitigen Vergünstigungen kommt, gibt es das Nachbarschaftsrecht, das Landesrecht ist und in den Bundesländern unterschiedlich geregelt ist. Die im Nachbarschaftsrecht angegebenen Abstände für die Pflanzungen werden von der Grenze bis zur Pflanzenmitte gemessen. Denken Sie daran, dass die Abstände der Hecke von der Gartengrenze unterschiedlich geregelt sind – Auskunft gibt das örtliche Ordnungsamt.

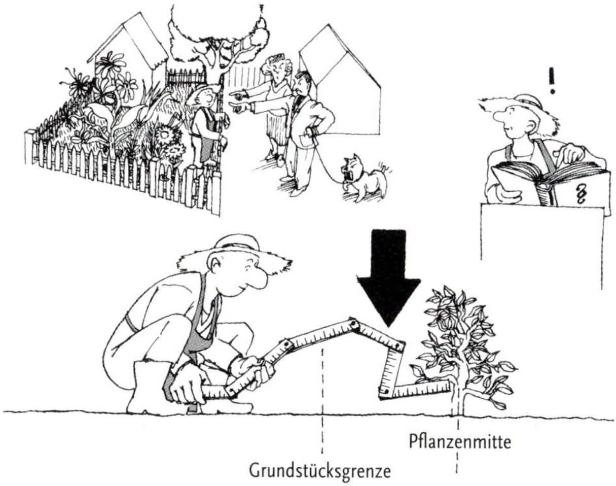

Vergleich von einheimischen und „exotischen“ Gehölzen für Vögel

heimische Gehölze Art	Anzahl Vogelarten	„exotische“ Gehölze Art	Anzahl Vogelarten
Eberesche *(Sorbus aucuparia)*	63	Bastard-Mehlbeere *(Sorbus x hybrida)*	4
Gemeiner Wacholder *(Juniperus communis)*	43	Chinesischer Wacholder *(Juniperus chinesis)*	1
Traubenkirsche *(Prunus padus)*	24	Späte Traubenkirsche *(Prunus serotina)*	10
Berg-Ahorn *(Acer pseudoplatanus)*	20	Feuer-Ahorn *(Acer ginnala)*	1
Berberitze *(Berberis vulgaris)*	19	Thunbergs Berberitze *(Berberis thunbergii)*	7
Haselnuss *(Corylus avellana)*	10	Baumhasel *(Corylus colurna)*	3
Blut-Hartriegel *(Cornus sanguinea)*	24	Weißer Hartriegel *(Cornus alba)*	2
Kornelkirsche *(Cornus ruas)*	mind. 20		

Ziergehölze mit interessantem Fruchtschmuck

Name	Blütezeit	Frucht	Fruchtfarbe	Besonderes	Höhe (m)
Laubgehölze					
Sauerdorn *(Berberis)*	Mai–Juni	Beere	gelbrot bis hochrot	lange zierend	1–2
Liebesperlenstrauch *(Callicarpa bodnierei)*	Juli–Aug.	perlenartig	lila	guter Vasen-schmuck	1,5–2,5
Blumenhartriegel *(Cornus florida)*	Mai	eiförmig	scharlachrot		2–3
Schein-Quitte *(Chaenomeles)*	März–April	walnussgroß	gelb		1–1,5
Zwergmispel *(Cotoneaster)*	Mai–Juni	erbsengroß	rot		1–2
Hahnendorn *(Crataegus crus-galli)*	Mai–Juni	1,5 cm groß	mattrot		10
Pfaffenhütchen *(Euonymus europaeus)*	Mai	Beere	rosa-rot	nicht an Kinder-spielplätzen	4
Sanddorn *(Hippophae rhamnoides)*	April	eirunde Beere	orangegelb		6
Stechpalme *(Ilex)*	Mai–Juni	große Beeren	rot, orange oder gelb	nicht an Kinder-spielplätzen	2–3
Heckenkirsche *(Lonicera)*	Mai–Juni	Beere	dunkelscharlach	nicht an Kinder-spielplätzen	3
Mahonie *(Mahonia)*	April–Mai	Traube	blauschwarz	Blätter dornig	1
Zier-Apfel	April–Mai	1–4 cm dick	tiefgelb, orange, purpur		4–8
Feuerdorn *(Pyracantha* 'Bad Zwischenahn')	Mai–Juni	Beere	orangerot	gesund	2–3
Feuerdorn *(Pyracantha* 'Orange Glow')	Mai–Juni	Beere	korallenrot	schorfresistent	3
Sandrose *(Rosa carolina)*	Juni	runde Hagebutte	rot	Früchte roh und ver-arbeitet genießbar	1,5
Hundsrose *(Rosa canina)*	Juni	längliche Hage-butte	orangerot	Früchte roh und ver arbeitet genießbar	2
Büschelrose *(Rosa multiflora)*	Juni–Aug.	runde Hagebutte	rot	Früchte roh und ver arbeitet genießbar	0,8
Apfelrose *(Rosa rugosa)*	Juni	runde, große Hagebutte	orangerot	Früchte roh und ver-arbeitet genießbar	0,8
Skimmie *(Skimmia japonica)*	April–Mai	birnenförmig	scharlachrot		1–1,5
Essbare Eberesche *(Sorbus aucuparia* 'Edulis)	Mai	Beere	leuchtend rot	Früchte verarbeitet genießbar	6
Mehlbeere *(Sorbus aria)*	Juni	Beere	orangerot		10
Schneebeere *(Symphoricarpus)*	Juni–Aug.	Beere	weiß	Früchte ungenießbar	2
Wolliger Schneeball *(Viburnum lantana)*	Mai–Juni	Beere	rot, später schwarz	Früchte ungenießbar	4

Gemüse

Wie groß sollte ein Gemüsegarten für einen Vier-Personen-Haushalt sein?

Mit 200 m² kann sich eine Familie selbst versorgen

Die Gemüsegartengröße richtet sich immer nach dem Selbstversorgungsgrad, den der Vier-Personen-Haushalt anstrebt.
Wenn nur ein paar frische Kräuter für die Küche gebraucht werden, kommt man mit etwa 5 bis 10 m² aus.
Sollen im Sommer ab und zu frische Salate auf den Tisch, bedarf es schon 50 m².
Werden alle Gemüse während der Saison aus eigenem Garten aufgetischt, muss man mit 200 m² rechnen.
Sollen auch Grobgemüse und Kartoffeln aufgetischt werden, muss der Gemüsegarten entsprechend größer sein.
Je nach Anbauform kann durch die richtige Mischkultur der Flächenbedarf kleiner beziehungsweise der Ertrag größer sein.

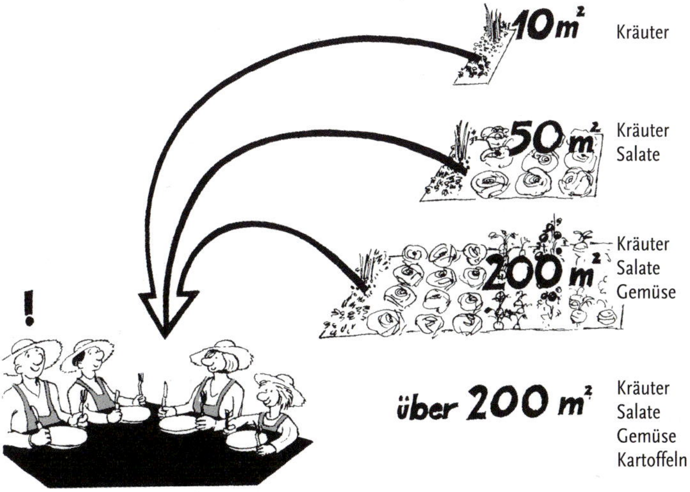

Mein Garten ist fast zugewachsen und ziemlich schattig. Wächst an solchen Plätzen Gemüse?

Es gibt Gemüse, das im Schatten wächst

Gemüse-Experten probieren es in Versuchsgärten. Danach haben die Bewährungsprobleme mit guten Qualitätsnoten bestanden: Brokkoli, Pflück- und Schnittsalat, Spinat, Porree (Lauch), Rhabarber, Zucchini und sogar Kohlrabi.

Immer wieder lese ich von Fruchtwechsel. Was versteht man darunter?

Eine Gemüseart nie hintereinander auf dieselbe Stelle pflanzen – Dreifelderwirtschaft

Fruchtwechsel, das ist ein Begriff aus der Ladwirtschaft und bedeutet: Eine Gemüseart nie hintereinander auf dieselbe Stelle pflanzen, weil die Pflanzen wurzeln dem Boden die gleichen Nährstoffen entziehen und gleichzeitig giftige Stoffe absondern. Da wächst natürlich bald nichts mehr nach.

Welche Mischkulturen sind günstig und fördern sich gegenseitig?

Mischkulturen fördern die Ernte

Mit Mischkulturen wird mehr vom Quadratmeter geerntet. Das heißt aber nicht, alles nach Lust und Laune durcheinander zupflanzen, auch weil die einzelnen Gemüsearten sich nicht gegenseitig bedrängen dürfen, und zwar weder über der Erde noch unterirdisch. Denn da sind biologische Wirkstoffe tätig, die das Pflanzenwachstum fördern oder hemmen.

Pflanzen müssen gut zusammenpassen

Deshalb müssen die Pflanzen gut zusammenpassen, sich gegenseitig ergänzen und zu verschiedenen Zeiten geerntet werden. Im Mischkulturenbeet soll also ein ständiges Kommen und Gehen herrschen. Wird das erreicht, bildet sich den ganzen Sommer über bis in den Herbst hinein eine dichte Blätterdecke, die den Boden feucht hält, was durch höhere Ernten deutlich wird.

Kombinationsmöglichkeiten für Misch- und Nachbarschaftskulturen

× = günstige Kombination
● = ungünstig Kombination
Rest = neutrale Kombination, unterschiedliche Pflanzenansprüche beachten

	Zwiebeln	Zucchini	Tomaten	Stangenbohnen	Spinat	Sellerie	Schwarzwurzeln	Rüben	Rhabarber	Radi/Rettich	Pflücksalat	Petersilie	Meerrettich	Mangold	Lauch	Kopfsalat	Kohl	Knoblauch	Kartoffeln	Karotten	Gurken	Fenchel	Erdbeeren	Erbsen	Endivien	Dill	Buschbohne
Buschbohne	●		×			×		×	×	×	×			×	●	×	×	●			×	●		●			
Dill	×							×			×					×				×	×			×			
Endivien				×											×		×					×					
Erbsen			●	●				×		×					●	×	×	●	●	×		×				×	●
Erdbeeren	×									×					×	×	×	×									
Fenchel			●	●							×					×					×			×	×		●
Gurken	×		●	×		×				●						×	×	×				×				×	×
Karotten	×		×							×				×	×			×						×		×	
Kartoffeln			●	×		●							×				●							●			
Knoblauch			×	●													●			×	×		×	●			●
Kohl	●		×	×	×	×			×	×	×			×	×	×	●	●	●		×		×	×	×		×
Kopfsalat	×		×	×		●	×	×	×	×		●			×		×				×	×	×	×		×	×
Lauch			×	●		×	×									×	×			×			×	●	×		●
Mangold								×		×							×		×								×
Meerrettich																			×								
Petersilie			×							×						●											
Pflücksalat			×				×	×	×	×							×					×				×	×
Radi/Rettich			×	×	×						×	×		×		×	×		●								×
Rhabarber					×						×					×	×										×
Rüben			×	×	×						×			×		×								×		×	×
Schwarzwurzeln											×				×	×						×					×
Sellerie			×	×		●									×	●	×		●		×						
Spinat			×	×				×	×	×							×		×								
Stangenbohnen	●	×			×	×		×		×					●	×	×	●	×		×	●		●	×		
Tomaten					×	×		×		×	×	×			×	×	×	×	●	×	●	●		●			×
Zucchini	×			×																							
Zwiebeln		×		●												×	●			×	×		×			×	●

Kombination von Gemüse, Kräutern und Blumen möglich

Für Mischkulturen empfehlen sich Kombinationen von Möhren, Salat und Schnittlauch, oder Bohnen, Rüben, Blumenkohl. Gute Erfahrungen wurden mit Mohrrüben und Zwiebeln, Tomaten und Sellerie, Salat, Radieschen und Kohlrabi gemacht. Bewährt haben sich ebenfalls Kohlrabi, Salat, Radieschen und Gartenkresse, auch Pflücksalat, Erbsen, Spinat und Radies, dann Radies, Stangenbohnen, Schnittsalat und Zucchini, alle auf einem Beet. Gegenseitig fördern sich auch Buschbohnen mit Tomaten, Eissalat und Zuckermais, Frühkartoffeln, Gurken und Kohlrabi. Partner gibt es genug.
Es sollten aber nicht mehr als vier höchstens fünf verschiedenen Arten gleichzeitig in einem Beet herangezogen werden. Bei einer (idealen) Beetbreite von 1,2 m gäbe das ein zu großes Gedränge.
Mit Pillensaat (Verfahren Eschwege) lassen sich Mischkulturen sehr gut anlegen, da besonders gleichmäßig gesät werden kann.

Wie legt man ein Hügelbeet richtig an?

Hügelbeet im Herbst anlegen

Mit einem Hügelbeet wird das im Garten anfallende organische Material wie Zweige und Äste, Laub, Rasenschnitt und andere Pflanzenreste auf die sinnvollste Art weiterverwendet. Die Anlage wird am besten im Herbst errichtet, weil die einzelnen Schichten dann sacken können. Die Löcher werden im Frühjahr ausgefüllt, damit schöne, feste, halbkreisrunde Hügel entstehen, in denen kein Pflänzchen oder Samenkorn verschwinden kann.

Hügelbeet in Nordsüdrichtung anlegen und im Frühjahr bestellen

Hügelbeete brauchen einen sonnigen Platz, am besten in Nordsüdrichtung. Falls sich die Sonne rar machen sollte, dann sind die Pflanzen fein raus, denn im Innern der Hügel entwickeln sich hohe Temperaturen, die kühles, allzu feuchtes Wetter überstehen helfen. Am besten legt man ein Hügelbeet im Herbst an, denn

dann gibt es reichlich Material, das sich bis zum Frühjahr noch setzten kann. Zuerst werden die Umrisse markiert und dann der Mutterboden etwa 20 cm tief abgetragen. Der wird später noch gebraucht. Darauf kommen dann als unterste Schicht: Zweige und Äste, die nur 30 cm lang sein sollten, Höhe der Beet-Basis: 40 cm. Ein Experten-Tipp: Die Zweige kräftig festtreten, notfalls grob zerkleinern.
Die zweite, etwa 15 cm hohe Hügelbeet-Etage kann allerhand organisches Material enthalten: Grassoden, mit dem Grün nach unten, gehäckseltes Stroh, Grasschnitt, abgeerntete Bohnen, Tomatenstauden oder Gartenerde. Dann folgt eine 30 cm hohe Lage aus halbverrottetem Kompost und Laub, das hier am besten aufgehoben ist. Den Abschluss bildet eine Schicht aus dem vorher ausgehobenen Mutterboden, vermischt mit fertigem Kompost. Im ersten Winter kann man zur Bodenbedeckung Feldsalat säen, in den Folgejahren dann auch abfrierende Winterzwischenfrüchte, zum Beispiel eine Mischung aus Sommerwicke und Hafer. Die Mischkulturtabelle gibt Auskunft über die besten Pflanzkombinationen. Stickstoffliebende Pflanzen wie Salat, Spinat, Rote Bete oder Rettich sollten im ersten Jahr nicht angebaut werden. Die Nutzungsdauer eines Hügelbeets beträgt etwa vier bis fünf Jahre.

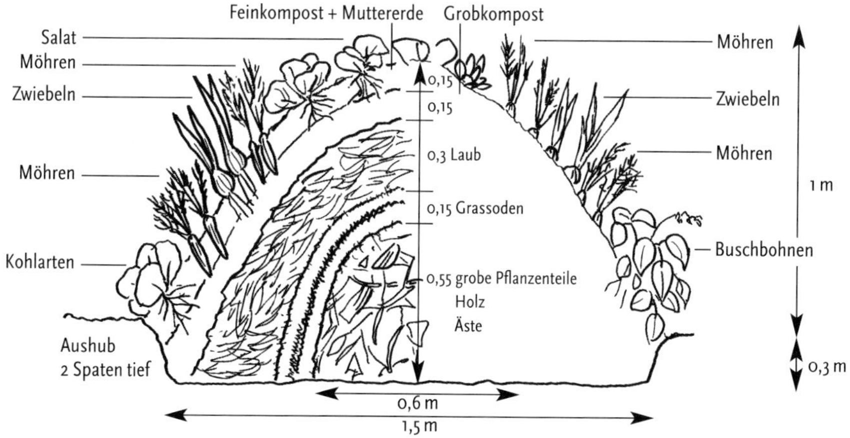

Wie kann man Anzuchterde auf möglichst einfache Weise sterilisieren?

Das wird wohl nötig sein, da die Aussaat meiner Sonnenblumen auf der Fensterbank nicht gelingen will.

Erde bei 100 °C im Backofen keimfrei machen

Das ist ganz einfach: Die Anzuchterde in Weckgläser oder andere Behälter füllen und eine halbe Stunde bei 100 °C in den Backofen stellen. Die Erde ist dann völlig keimfrei. Auch sind die Schadpilze dann allesamt abgetötet.

Warum schießt mein Spinat

Es gibt Langtagspflanzen und Kurztagspflanzen = hoher Lichtbedarf, geringer Lichtbedarf

Alle Pflanzen lassen sich nach der Blühzeit in zwei Gruppen einteilen. Langtagspflanzen kommen im Sommer zur Blüte und zwar dann, wenn es mehr als 12 Stunden hell ist. Tage mit kürzerer Belichtung fördern bei diesen nur das Blattwachstum. Hierzu gehören viele Sommerblumen und auch Gemüsearten, wie Möhren, Radieschen und Spinat, der deshalb nur im Frühjahr oder Herbst ausgesät werden sollte, sonst fängt er an zu blühen, er „schießt" wie der Gärtner sagt und wird dann ungenießbar.

Kurztagspflanzen blühen bei weniger Licht, etwa bei nur acht bis zehn Stunden pro Tag. Kurztagspflanzen im Garten bringen daher ihre Blüten erst im Herbst und Winter hervor, wenn de Tage kürzer sind. Hierzu gehören zum Beispiel die Dahlien, Chrysanthemen, Herbstastern, der Weihnachtsstern und die Kalanchoe.

Ist es wahr, dass man Erbsen nicht zu düngen braucht, dass sie sozusagen Selbstversorger sind?

Erbsen versorgen sich selbst mit Stickstoff

Erbsen zählen zu den Schmetterlingsblütlern (Leguminosen), einer Pflanzengruppe, die mit Hilfe wurzeleigener Knöllchenbakterien Stickstoff aus der Luft zu binden vermag.
Erbsen brauchen deswegen weniger organischen Dünger. Damit jedoch alle lebensnotwendigen Spurenelemente in ausreichender Menge vorhanden sind, ist es gut, in die Saatreihen ein paar Handvoll Urgesteinsmehl auszustreuen. Beim Abräumen der Erbsenreihen im Juni oder Juli bleiben die Wurzeln mit den Knöllchen im Boden, damit auch die Folgekulturen, zum Beispiel Endivien oder Zuckerhut, von dieser kostenlosen Düngung profitieren.

Jedes Jahr sitzen im Spätherbst meine Tomatenbüsche voller grüner Früchte. Wie kann ich sie zur Reife bringen?

Tomaten reifen bei 20 °C nach

Am einfachsten ist es, sie auf die Fensterbank zu legen. Am besten dort, wo sich ein Heizkörper befindet, weil Temperaturen so um plus 20 °C den Reifegang ganz beträchtlich fördern. Die Tomaten aber nicht einzeln abpflücken, sondern die Früchte an dien Zweigen belassen, wenigstens aber an den Stielen. Der Reifeprozess wird noch gefördert, wenn man reife Äpfel zwischen die grünen Tomaten legt und alles mit Papier abdeckt. Warum ist das so? Weil das von den Äpfeln

ausgeschiedene Ethylen-Gas die Tomaten schneller „reifen“ lässt. Am besten werden jene Früchte rot, die eine leichte Gelbfärbung aufweisen.
Die grünen kann man auch ganz anders verwerten: Entweder zu Ketchup oder zu Tomatengelee verarbeiten oder, was besonders lecker ist, süß-sauer einlegen in feinem Weinessig.

Gehört der Rhabarber zu Gemüse oder zum Ost?

Rhabarber ist ein Sommergemüse

Die Tatsache, dass Rhabarber ein Gemüse ist, obwohl es wie Obst zubereitet wird, verdanken wir dem botanischen Ordnungssinn: Eine Staude, gleich wie sie schmeckt, ist immer ein Gemüse.
Rhabarber enthält Apel- und Oxalsäure. Diese Säure macht ihm zum erfrischenden Sommergenuss. Der Oxalsäure-Gehalt steigt im Laufe der Sommermonate an, bleibt aber immer unbedenklich, sofern Sie sich nicht ausschließlich von Rhabarber ernähren.

Warum keimt meine Petersilie nicht?

Petersilie keimt erst nach vier Wochen, sie braucht Wärme und feuchten Boden.

Wenn Petersilie nicht wachsen will, so kann das mehrere Gründe haben. Zum Beispiel: ein regnerischer und kühler Frühling, der die Samen nicht keimen lässt. Sicher, drei bis vier Wochen muss man warten, bis sich die ersten grünen Spitzen zeigen. Wenn es aber länger dauert, fehlt es an Nestwärme. Und die kann die Petersilie haben, indem ganz einfach das Petersilienbeet mit Vlies oder Folie überdeckt wird. Die hält den Boden warm, schützt ihn vor bedrängendem Unkraut und vor tierischen Schädlingen.
Denn auch den Blattläusen und den Larven der Möhrenfliege schmeckt die Petersilie. Diese Plagegeister hinterlassen ganz deutliche Spuren: Die Blätter färben sich gelb und verkümmern. Außerdem wünscht die Petersilie einen tiefgründigen und humusreichen Bo-

den. Den hat man schnell und einfach mit Komposterde oder Rindehumus.

Übrigens, viel unproblematischer und keimfreudiger ist die großblättrige Schnittpetersilie. Sie ist auch würziger als die 'Mooskrause', die meist in Saatbänder oder Pillensaat angeboten wird.

Schnittpetersilie ist keimfreudiger als die Mooskrause

Meine Selleriepflanzen bilden keine Knollen. Woran liegt das?

Selleriepflanzen nicht zu tief setzen

Das liegt daran, dass die jungen Pflänzchen zu tief in die Erde „versenkt" wurden. Eine Selleriepflanze will – wie wir Gärtner sagen – im Winde wackeln. Das gilt übrigens auch für den Kohlrabi und Salat, die ebenfalls ihre Knollen beziehungsweise Köpfe über die Erde ausbilden.

Im Sommer fallen bei mir viele Kräuter an, die ich gar nicht verwenden kann. Ich möchte konservieren, aber wie?

Im Sommer sind die Kräuter in Hochform. Da wachsen Schnittlauch und Liebstöckel, Kerbel und Estragon sozusagen um die Wette. Aber, was jetzt im Überfluss vorhanden ist, das fehlt im Winter. Deshalb werden

Kräuter konserviert, wobei natürlich einiges an Aromastoffen verloren geht. Aber was will man machen? Ganz einfach: Reichlicher würzen, denn trotz allem sind die Kräuter aus dem eigenen Garten immer noch frischer als gekaufte. Getrocknet wird nur Basilikum. Salbei, Thymian, Majoran und Bohnenkraut. Petersilie lässt sich nicht trocknen. Sie schmeckt getrocknet wie staubiges Heu! Petersilie wird deshalb, wie der hocharomatische Dill, der Kerbel und der Schnittlauch, besser eingefroren. Vorher werden diese Kräuter gewaschen, klein gehackt – bitte nicht blanchieren – und in kleinen Portionen eingefroren.

Wie macht man Zierkürbisse haltbar?

Oberfläche mit Wachs oder Haarspray abdichten

Einfach die trockenen Früchte mit Bienen- oder Bohnerwachs einreiben. Mann kann auch die Oberflächen mit Haarspray besprühen. Haarspray (natürlich ohne FCKW) ist außerdem ein ausgezeichnetes Konservierungsmittel für Rohrkolben, Gräser und zarte Blüten. Die weitere Verdunstung wird gehemmt.

Ist der Anbau von Melonen möglich? Oder ist es in unseren Breiten zu kalt?

Melonen brauchen Wärme – Folienschutz!

Freiland-Melonen wollen es so warm haben wie beispielsweise Auberginen. Sie sollten deshalb bei uns nur im Frühbeet oder unter Folienschutz angebaut werden. Ebenso sie bei Gurken wird der Boden mit besonders viel Humus verbessert. Auch Nährstoffe wollen sie reichlich. Melonen brauchen zudem einen Schnitt, der aber recht einfach auszuführen ist: Der Haupttrieb wird nach dem 3. Blatt, die Seitentriebe jeweils nach dem 5. Blatt geschnitten. Sobald die Früchte halb ausgereift sind, legen wir Sie auf ein Brett, damit sie nicht faulen.

Faustzahlen für den Gemüsebau

Gemüseart	Saatmenge in g/10 m² oder Angaben beachten	Saatzeit	Pflanzzeit	Reihenabstand (cm)	Pflanzenabstand (cm)	Erntezeit	Erntemenge pro 10 m²
Buschbohne	50	Mai–Ende Juli		50	alle 30 cm 3–5 Bohnen	Mitte Juli–Mitte Sept.	5 kg
Stangenbohne	60	Mai–Juni		100	alle 50 cm 5–6 Bohnen	Ende Juli-Anfang Okt.	15–20 kg
Erbse	120	März–April		niedr. Sorten 25–30 hohe Sorten 40–60 (alle 2–3 Reihen Pflückweg 50–60 cm)	3–5 3–5	Juni–Juli	9–10 kg
Gurke	4	Anfang Mai		100–150	alle 15–20 cm 3–4 Samen	Anfang Juli–Ende Sept.	15–20 kg
Kohlgemüse/ Blumenkohl	2–5 g/Frühbeetfenster	Januar–Juli	März–Anfang August	50–70	50	Mai–Oktober	25 Stück
Kohlrabi	3–5 g/Anzuchtbeet (je m2 Anzuchtbeet 400 Jungpflanzen)	Januar–Juni	März–August	25–40	25–35	Mai–Oktober	75 Stück
Kopfkohl	1 g/Frühbeetfenster	Januar–Mai	April–Juni	50–70	50	Juni–Dezember	Frühsorten: 25 kg Späte 35 kg
Rosenkohl	1	Ende März–Anf. April	Mitte Mai–Mitte Juni	60–80	50–60	Sept.–Dezember	10 kg
Grünkohl	1	Mai–Juni	Juni–Juli	50–70	50	Oktober–Februar	15 kg
Karotte	3–5	Januar–Juli		25–35	Reihensaat 2 cm	Ende Juni–Anfang Okt.	30 kg
Radies	3 g/m²	März–September		10–20	3–4	April–Oktober	500 Stück
Rettich	3 g/m²	März-August		20–25	10–20	Ende April–Oktober	400 Stück
Kopfsalat	1 g/Frühbeetfenster	mit Vorkultur Januar–Juli; bei Direktsaat ins Freiland Anfang März–Anfang August	März–August	25–35	Reihensaat auf 25–30 cm vereinzeln	Anfang Mai–Oktober	80 Stück
Feldsalat	10–15	Juli–September		10–15	Reihensaat oder breit würfig	Ende August–Anfang März	15 kg
Spinat	Frühjahr und Winter 40–60; Sommer 20–50	Februar–Mitte April; Anfang August–Ende September		20–30	Reihensaat	April–Mai; September–November	30 kg; 20 kg
Tomate	Aussaat in Handkästen, später vereinzeln	März Mai	Mitte–Ende	80–100	50	Ende Juli-Oktober	60 kg
Zwiebel	10–15	Februar–Anfang Mai		20–30	10–15	August–September	60 kg

Wie wird Lavendel geschnitten und vor Frost geschützt?

Lavendel ist auch bei uns robust

Lavendel schneidet man nach der Blüte um ein Drittel zurück, damit er nicht von unten verholzt. Über Winter kann ein Frostschutz aus Reisig nicht schaden, besonders an einem windexponierten Standort. Lavendel lässt sich in späteren Jahren durch Teilung vermehren; einfacher ist es, im Frühling Stecklingen oder Absenker zur nehmen, die sich rasch bewurzeln.

Im Frühjahr habe ich meine Erdbeeren gut gedüngt, doch die Ernte war mäßig. Muss ich noch mehr Dünger geben?

Erdbeeren erst nach der Ernte düngen

Erdbeeren erhalten vor allem nach der Ernte Dünger, damit sich die Pflanze wieder kräftigen kann. Eine große Düngergabe im Frühjahr ist nicht zu empfehlen, dann gibt es viele Blätter, aber wenig Blüten. Die Pflanzen erhalten im Frühjahr höchstens ein Drittel der Sommerdüngermenge.
Verwenden Sie am besten Erdbeerspezialdünger.
Es gibt organische, mineralische und Mischprodukte.
Eine Missernte kann auch durch Regen verursacht werden. Weil dann der Bienenflug behindert wird.

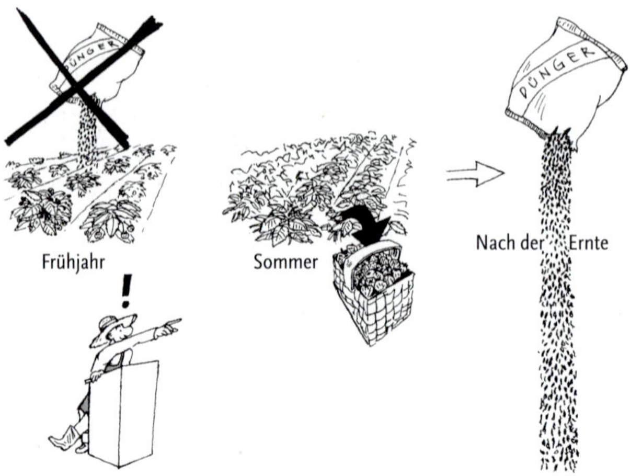

Im Garten fällt viel Gras an. Was soll ich damit machen?

Gras eintrocknen lassen und mulchen

Packt man Grasschicht auf Grasschicht, fängt der Haufen bald an zu riechen, Ist ja leicht zu erklären: Frisches Gras enthält viel Wasser und beginnt zu gären. Besser ist es, das Gras auf dem Rasen ein bis zwei Tage liegen zu lassen. Bei Sonneschein genügen schon ein paar Stunden. Dann wird das Gras leicht wie eine Feder und ist einfacher abzuharken und zu transportieren.
Manche streuen dieses Heu unter Beerensträucher und Obstbäume, zwischen Tomaten und andere Gemüsereihen. Da hält das Heu den Boden feucht und locker.

Kann man bedenkenlos alle Ernterückstände und Unkräuter kompostieren?

Kranke Pflanzen gehören in die Biotonne

Normalerweise ist die Frage zu bejahen, aber es gibt eben keine Regel ohne Ausnahme. Zu den Ausnahmen gehören: die oft von Bakterien (Kohlhernie) befallenen Strünke von allen Kohlgewächsen, auch Kohlrabi, die genauso in die Biotonne gehören wie die von Rost, Mehltau, Sternrußtau und Schorf befallenen Blätter und Früchte. Außerdem sind samentragende Unkräuter auch nicht für den Kompost geeignet. Sonst haben Sie im nächsten Jahr ein wahres Unkrautparadies im Garten.

Ich möchte Schädlinge nur noch biologisch bekämpfen. Was ist der Unterschied zwischen Kräuterjauchen, Kräuterbrühen und Kräutertees und wie stellt man sie her?

Natürliche Pflanzenschutzmittel wachsen im eigenen Garten

Mit dem erfreulicherweise immer stärker werdenden Umweltbewusstsein ist auch eine Abkehr vom Einsatz hochgiftiger chemischer Pflanzenschutzmittel verbunden. Man besinnt und erinnert sich an natürliche Mittel, die jeder aus einem Pflanzenmaterial, das zum Teil im Garten wächst, selbst herstellen kann, Denn Kräuterbrühen, -jauchen und Tees aus Brennnesseln, Schachtelhalm, Beinwell und Wermut können aus „eigenen Ernten“ entstehen. Wo das nicht möglich ist, stehen getrocknete Kräuter in Apotheken, Drogerien und Kräuter-Spezialgeschäften zur Verfügung. Aber auch in Gartenfachgeschäften sind naturreine Kräuterextrakte wie Brennnesselpulver und Schachtelhalm-Extrakt zu haben.

Kräuterjauchen zur Pflanzenstärkung und zum Schädlingseinsatz

Kräuterjauchen: Die vergorene Jauche wird vor allem zu Wachstumsförderung, also über den Boden und nicht über die Pflanze eingesetzt, während die noch frisch gärende Jauche sowohl zur Pflanzenstärkung als auch gegen Blattläuse und Spinnmilben (auf die Blätter spritzten) angewendet werden kann. Diese gärenden Jauche entsteht, wenn man frische Pflanzenteile ungefähr 4 Tage an der Sonne in Regenwasser einweicht. Die Jauche ist vor dem Einsatz 50fach zu verdünnen (1 Liter Jauche auf 5 Eimer Wasser).

Kräuterbrühen genießen

Kräuterbrühen: Hier müssen die Blätter (und Stiele) 24 Stunden im Wasser liegen, dann die eingeweichten Pflanzenteile mit dem Wasser aufkochen und das Ganze etwa eine halbe Stunde bei kleiner Hitze sieden lassen; die Brühe dann abkühlen lassen und durchseihen.

Kräutertees zum Wohlbefinden

Kräutertees: Sie entstehen, wenn man die Pflanzen frisch oder getrocknet mit siedendem Wasser begießt, 10 bis 15 Minuten zugedeckt stehen lässt und dann absiebt.

Meine Kohlpflanzen haben an der Wurzel Verdickungen, ist das normal?

Kohlhernie ist eine gefährliche Bakterienkrankheit

Die Verdickungen an Kohlrabi und anderen Kohlgewächsen sind von der Kohlhernie hervorgerufen worden, einer gefährlichen Bakterienkrankheit. Die Strünke müssen unbedingt entfernt werden. Man wirft sie am besten in die Biotonne, niemals jedoch dürfen sie auf den Komposthaufen. Vorbeugend kann man den Boden mit Kalk beziehungsweise Kalkstickstoff bestreuen, und zwar mit 50 bis 80 g/m. Der Kalkstickstoff muss mindestens 6–8 Wochen vor dem neuen Anbau von anderen Gemüsesorten aufgebracht werden.

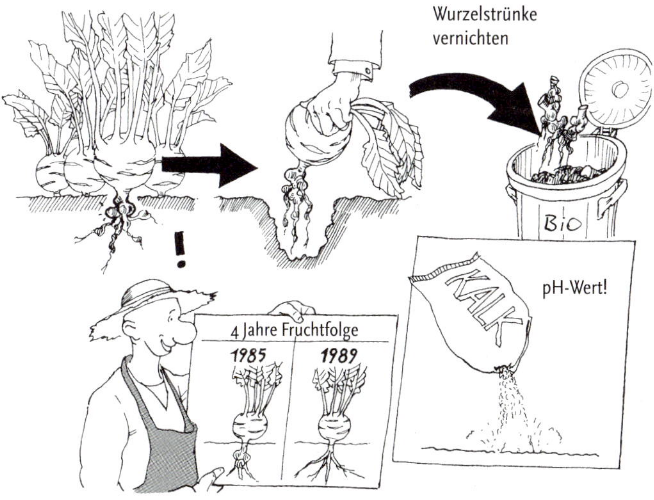

Wer auf eine sanfte Tour Kohlhernie vermeiden will, streue etwas Algenkalk in die Pflanzlöcher oder stelle die Jungpflanzen vor dem Setzten in eine Brühe aus Algenkalk und Lehm. Es empfiehlt sich, erst nach 4 Jahren wieder auf der gleichen Fläche Kohl-Arten anzubauen.

Welche Möglichkeiten gibt es, um die Gemüsefliege (Rettich, Lauch, Zwiebeln) auszuschalten?

Gemüsefliegen wollen dicht stehende Pflanzen, Windschutz und Monokultur

Ohne chemische Pflanzenschutzmittel kann die Eiablage der Gemüsefliegen folgendermaßen verhindert werden:
Durch weitere Abstände der Pflanzen in den Reihen, damit eine stärkere Luftzirkulation die Tiere vertreibt beziehungsweise die Eiablage verhindert.
Auch die Anlage der Gemüsereihe in der Hauptwindrichtung hält die Fliegen vom Eierablegen ab.
Zu empfehlen ist auch eine Mischkultur, in der nur eine Reihe Rettich, Lauch oder Zwiebeln zwischen anderen Gemüsearten wächst.
Spezialtipp: Bei frühen Aussaaten Schlitzfolie über die Beete ziehen, das hält warm und die Fliegen ab. Sehr zu empfehlen sind die Gemüsefliegen-Netze, das sind engmaschige Spezialnetze zur sicheren Abwehr von Gemüsefliegen. Sie können immer wieder verwendet werden uns sich im Gemüsegarten eigentlich unentbehrlich.

Was muss ich tun, um den Garten urlaubsfertig machen?

Garten ist kein Hindernis für einen Urlaub im Sommer

Wer verreist, muss seinen Garten urlaubsfertig machen: Unkräuter aus dem Rasen – nicht aus der Wiese – ausschneiden, die im Sommer stärker wachsen als die Rasengräser. Auch von den Beeten sollte man das Unkraut entfernen, weil es jetzt Samen bildet, der sich später im Garten überall verteilt. Den Rasen sollte man auf keinen Fall vor der Abreise stark wässern und wenn noch so schön die Sonne scheint. Außerdem nicht zu kurz mähen, sonder etwas 4 bis 5 cm hoch, sonst verbrennen die Rasengräser.
Es empfiehlt sich, vor der Abreise dicke Blumensträuße von den Sommerblumen, Rosen und anderen Blü-

tenpflanzen abzuschneiden und damit Freunde, Nachbarn und Kollegen zu beschenken. Wer länger als drei Wochen verreist, sollte sogar Stile mit Knospen abschneiden, vor allem von Edelrosen. Die Heimkehrer finden dann saubere Blumenbeete voller neuer Knospen vor.

Anzucht- und Pflanztermine für wichtige Freilandkulturen

Gemüseart	Saattermin	Pflanztermin	Anzuchtdauer (Wochen)
Frühkohlarten (Weißkohl, Wirsing, Blumenkohl, Kohlrabi)	Mitte Februar	Anfang April	6–7
Frühkopfsalat	Mitte Februar	Ende März	6
Frühsommersalat	Mitte März	Ende April	5
Kohlrabi	Mitte März	Ende April	5
Brokkoli	Mitte März	Ende April	5
Knollenfenchel	Mitte März	Ende April	6
Sommerwirsing	Mitte März	Ende April	5
Sommerblumenkohl	Mitte März	Ende April	5
Sommerweißkohl	Mitte März	Ende April	5
Sellerie	Mitte März	Mitte Mai	8
Stangensellerie	Mitte März	Mitte Mai	8
Spätkohlarten	Mitte März	Ende Mai	6–7
Sommerblumenkohl	Mitte April	Anfang Juni	6
Sommerkohlrabi	Mitte April	Anfang Juni	6
Rosenkohl	Mitte April	Anfang Juni	6
Sommersalate (Eis-, Pflück- und Bindesalat)	Mitte April	Ende Mai	5
Spätsommerblumenkohl	Mitte Mai	Mitte Juni	4
Spätsommerkohlrabi	Mitte Mai	Mitte Juni	4
Grünkohl	Ende Mai	Ende Juni	4
Knollenfenchel	Ende Mai	Ende Juni	4
Herbstblumenkohl	Mitte Juni	Mitte Juli	4
Endivie	Mitte Juni	Mitte Juli	4
Zuckerhut	Anfang Juli	Anfang August	4
Chinakohl	Ende Juli	Mitte August	3
Endivie (nur Gewächshaus und Frühbeet)	Anfang August	Anfang September	4

Obst

Mir ist der Apelbaum zu hoch geworden. Wie kann ich ihn kürzen?

Jeder zu hohe Ast kann gekürzt werden, wenn die typische Baumform erhalten bleib – Baum ab – nein danke!

Jeder Ast des Apfel-, Birn-, Pflaumen- oder Kirschbaumes, der zu sehr in die Höhe oder Breite geht, kann – gleich welcher Dicke – gekürzt werden. Wichtig ist dabei nur, dass der Schnitt oberhalb einer Verzweigung – es kann auch verhältnismäßig junger (drei- bis vierjähriger) Trieb sein – erfolgt. Auch diese Verzweigung ihrerseits kann wiederum etwas eingekürzt werden.

Diese Verzweigung wirkt als „Zug-Ast" für den Saftstrom, der die Wunde schneller verheilen lässt und den sonst besenartigen Austrieb an einem Aststummel verhindert. Dieses Verfahren wendet man auch beim Abwerfen einer Krone für eine Umveredelung an.

Die Wunde muss ordnungsgemäß behandelt werden (siehe auch Schnittwundenbehandlung). Natürlich sollte dies nur im Winter (Bäume ohne Laub) geschehen. Die Süßkirsche macht eine Ausnahme. Die soll-

te, wenn überhaupt, im August zurückgeschnitten werden, damit die Schnittstellen schneller verheilen. Sonst kann es leicht zu dem nicht mehr zu stillenden „Gummifluss" kommen.
Pflaumenbäume an besten nach der Ernte zurückschneiden.

Bei Apfelbäumen liest man oft Begriffe wie „M 9" oder „MM 104" – was bedeuten die?

Auf die Wuchsstärke der Unterlagen achten

Apfelbäume werden auf unterschiedlich stark wachsende Unterlagen veredelt. Die Unterlage beeinflusst auch das Wachstum des Edelreises. Diese Unterlagensorten haben keine klangvollen Namen wie 'Gravensteiner' oder 'Ontario', sondern einfache Nummern. In der Reihenfolge ihrer Wüchsigkeit sind besonders zu empfehlen: bei den schwachwüchsigen Apfelunterlagen 'M 27', 'M9' und 'M26', bei den mittelstarkwachsenden 'MM 106', 'M 7', 'M 2', 'MM 104', M 4' und 'MM 111' sowie bei den starkwachsenden 'MM 109', 'M 25', 'M 11' und 'A 2'. Am stärksten sind Sämlinge im Wachstum.

Muss ein Sauerkirschbaum jährlich geschnitten werden?

Sauerkirschen tragen nur am vorjährigen Holz, deshalb durch Schnitt Triebe erzeugen

Die Sauerkirsche trägt nur an den Trieben, die sich im Vorjahr gebildet haben. Die an diesen Trieben befindlichen Knospen treiben nur im kommenden Jahr wieder aus, danach sterben sie ab.
Unterlässt man aber den Schnitt der jungen Triebe, so wächst nur die End- oder Zweitknospe zu einem neuer Trieb, und dieser Neutrieb wird mit den Jahren immer kürzer, während der dahinter liegende Teil verkahlt.
Ungeschnittene Sauerkirschen gleichen daher eher Trauerweiden und haben schwache Erträge.

Aus diesen Gründen ist es nötig, die abgetragenen Triebe bis auf Jungtriebe zurückzuschneiden. Außerdem wird durch regelmäßige Schnittmaßnahmen, der immer wieder auftretende Zweig-Monilia vorgebeugt, eine Krankheit, die selbst durch Spritzungen nicht bekämpft werden kann.

Wie behandelt man fachmännisch Schnittwunden an Gehölzen?

Gutes Werkzeug erforderlich

Hierzu ist das richtige Handwerkszeug die Vorbedingung. Scheren mit ziehendem und nicht quetschendem Schnitt, gute Baumsägen mit verstellbarem Sägeblatt, Messer und Leitern für sichern Stand. Grundsätzlich sollte das Werkzeug sauber und scharf sein, um glatte Schnitte zu erzielen. Soweit die Schnitte mit einer guten Schere ausgeführt werden können, braucht nicht nachbehandelt zu werden, sie verwachsen von alleine.

Bei größeren Schnittflächen Wundverschlussmittel verwenden

Größere Schnittwunden, mit Astschere oder Baumsäge verursacht, brauchen eine Nachbehandlung.
Die Wundränder (Rinde) werden mit scharfen Messern glatt nachgeschnitten, da sich hierdurch leichter neues Gewebe (Kallus) bilden kann und die Schnittwunde überwächst.
Damit bis zum natürlichen Wundverschluss keine Insekten und Pilze in das Holz eindringen, verschließt man die Baumwunden mit handelsüblichen Wundverschlussmitteln. Diese sind elastisch und witterungsbeständig.
Beim Schneiden der Bäume darauf achten, dass kein Stummel stehen bleibt und immer der geringste Durchmesser der Schnittstelle gewählt wird. „Mantelhaken“ an Bäumen sind verboten!

Muss ich den Obstbaum im Rasen düngen?

Obstbäume benötigen gezielte Düngergaben

Die Obstbäume, die im Rasen wachsen müssen, hungern zumeist, denn vom Rasendünger, der zwischen März und Oktober gegeben wird, bleiben für die „Stiefkinder" höchstens 20 % übrig. Die Gräser nehmen ihnen alles weg.
Wir empfehlen, die Krone – soweit reichen auch die Wurzeln – punktweise rund um den Stamm mit Dünger zu versehen, der ausschließlich den Bäumen zukommen soll. Hierzu bohrt man ein 10 cm tiefes Loch.
Man unterscheidet zwischen Spätherbst- und Frühjahrsdüngung, wobei der Dünger nicht auf einmal gegeben werden soll, damit die Rasengräser keinen Schaden nehmen. Als Faustregel: im Herbst ist Kali und Phosphor wichtig, während im Frühjahr das Schwergewicht auf Stickstoff liegen sollte.
Der Handel hat das Problem erkannt und bietet spezielle Baumdünger mit exakten Gebrauchsanweisungen an.

Wie kann ich der vielen Schädlinge an meinen Obstgehölzen Herr werden, ohne ständig mit der Giftspritze herumzurennen?

Ein biologische Gleichgewicht herstellen, Nützlinge wieder schützen

Ist das biologische Gleichgewicht im Garten erreicht, was sicherlich nicht von heute auf morgen möglich ist, werden die Schädlinge durch eine vermehrte Zahl von Nützlingen zurückgehen.
Das bedeutet zum Beispiel Ohrenkneifer ansiedeln, Nistmöglichkeiten und Futterplätze für Vögel schaffen, an Obstbäumen Leim- und Wellpappringe abringen, zu Füßen der Obstbäume Kapuzinerkresse ansäen (zieht die Läuse an), regelmäßige Schnittmaßnahmen durchführen, um die Kronen licht zu

halten und Abschneiden von mehltaukranken Spitzen und Blättern und letztendlich eine ausreichende Versorgung der Bäume mit Nährstoffen.
Gute Erfolge hat man nach wie vor mit der vielleicht notwendigen Austriebsspritzung, weil dadurch viele Überwinterungsformen der Schädlinge mit erfasst werden.
Die Austriebsspritzung sollte bis März mit reinem Paraffinöl-Spritzmittel, das hervorragen gegen die Überwinterungsstadien von Spinnmilben, Blattläusen, Frostspanner und andere Schädlinge wirkt, durchgeführt werden.

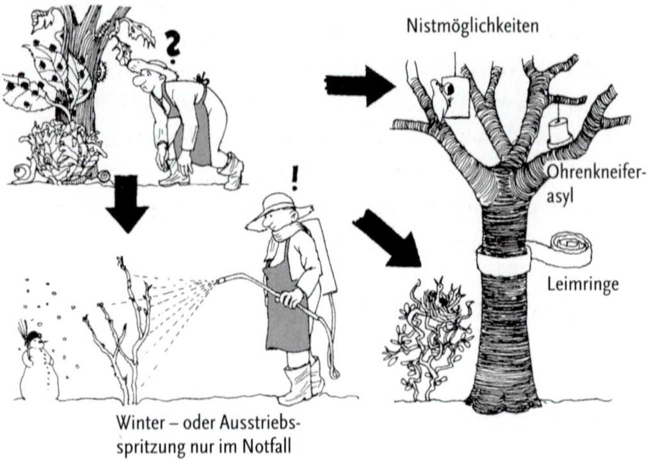

Sind Brombeeren im Garten zu empfehlen, welche Sorten eignen sich und wie werden sie geschnitten?

Eigene Brombeeren im Garten schmecken besser

Weil es die aromatischen und wohlschmeckenden Brombeeren fast nie mehr frisch zu kaufen gibt pflanzt man sie am besten selber an. Angst vor undurchdringlichem Zweiggewirr braucht man nicht zu haben, wenn die abgetragenen Ruten jedes Jahr nach der Ernte am Boden abgeschnitten werden. Und vor Stacheln braucht sich ohnehin niemand mehr zu fürchten, seit es stachellose Sorten gibt. Gepflanzt wird am besten im Frühjahr (in geschützten Gegenden auch im Herbst): die aufrecht wachsenden Sorten ('Wilsons Frühe') in 50 cm Abstand von Pflanze zu Pflanze und die rankenden ('Theodor Reimers') in größerer Entfernung: 150 bis 200 cm.

Meine Johannisbeeren haben im Frühjahr kräftige, rundliche Knospen, die aber „sitzenbleiben", also nicht austreiben. Was ist damit los?

In den Rundknospen überwintern die schädlichen Gallmilben

Die kräftigen „Rundknospen" der Johannisbeeren sind nicht die Blütenknospen, sondern Überwinterungsquartiere der Johannisbeergallmilbe, deshalb treiben die Knospen nicht oder nur ungenügend aus.
Die Knospen sind duch regelmäßige Kontrollen sofort auszubrechen und in die Biotonne zu werden. Auf alle Fälle dürfen die Befallenen Knospen nicht auf den Kompost gelangen oder achtlos auf der Erde herumliegen.
Stark befallene Triebe bis zu den gesunden Knospen zurückschneiden und das Schnittholz vernichten
Die regelmäßige Kontrolle der Knospen ist im Frühjahr unerlässlich.

Meine Stachelbeeren haben kurz vor der Ente an die Triebspitzen einen dicken grauen Belag. Was kann ich tun, um den Belag los zu werden?

Stachelbeermehltau ist lästig, resistente Sorten auswählen

Die Stachelbeeren sind vom Mehltau befallen. Der Pilz überwintert in den Knospen und befällt bei länger anhaltender Feuchtigkeit Blätter und junge Triebe.
Die Bekämpfung ist einfach. Die Triebspitzen in der Länge ihres Befalls abschneiden und ab damit in die Biotonne, nie auf dem Kompost oder auf der Erde liegen lassen. Vorbeugend sollten nach der Ente die

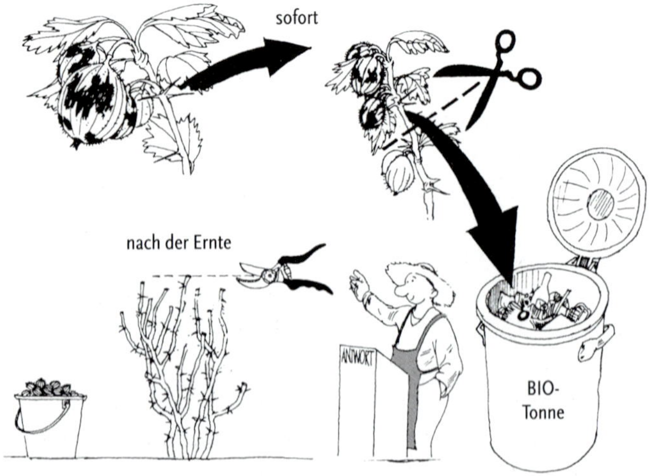

Büsche ausgelichtet und die Jungtriebe um ein Drittel ihrer Länge gekürzt werden. Dadurch kommt Luft in den Busch und gibt den Pilzen keine Chance.

Die Ruten meiner Himbeeren sterben ab Was kann das sein?

Erkrankte Ruten sofort abschneiden

Wenn sich auf den Ruten rotbraune bis violette Flecken befinden und die Rinde aufgerissen ist, dann handelt es sich um die „Rutenkrankheit", die übrigens nur an Himbeeren vorkommt. ,Das beste Mittel ist, die erkrankten Ruten rigoros abzuschneiden und in die Biotonne zu werfen.
Dadurch geht keine Ernte verloren, weil die Himbeeren sowieso nur an einjährigen neuen Ruten tragen.
Vorbeugende Maßnahmen sind hilfreich, zum Beispiel eine Bodendeckung mit Stroh, Rasenschnitt, Rindenmulch oder Sägemehl. Außerdem ist das jährliche Ausschneiden der abgetragenen Ruten bis auf den Boden sehr wichtig. Übrigens, wird Himbeeren pflanzen will, besorge sich Sorten, die gegen die Rutenkrankheit weitgehend resistent sind.

Warum setzt eine Kiwi trotz viel Wärme keine Früchte an?

Es gibt männliche und weibliche Kiwis also beide anpflanzen

Die Kiwis sind zweihäusige Pflanzen, das heißt es gibt rein männliche und rein weibliche. Zur Befruchtung muss man also mindestens von jedem Geschlecht eine Pflanze haben. Außerdem kann es mehrere Jahre dauern, bis sie Früchte ansetzen.
Für acht bis zehn weibliche Kiwis sollte eine männliche gepflanzt werden, um die Chance zu haben, hier Früchte heranziehen zu können.
Es gibt aber auch einhäusige Kiwi-Sorten, bei denen eine „Paarung“ nicht nötig ist. Allerdings bringen sie wesentlich kleinere Früchte hervor.

Warum trägt ein Walnussbaum nach Jahren noch keine Früchte?

Ein Walnussbaum trägt erst nach 10 Jahren

Mancher Waldnussbaum trägt auch Jahre nach seiner Pflanzung noch keine einzige Nuss. Die Walnuss gehört unter den fruchttragenden Bäumen zu den langsam wachsenden. Dafür wird sie später umso kräftiger und kann eine Höhe von 15 bis 20 m erreichen und bis zu 40 kg Nüsse hervorbringen. Bei den Walnussbäumen braucht man also viel Geduld, oftmals kommen erst nach zehn Jahren die ersten Früchte.

Ausgewählte Sorten beachten

Die Sorten 'Weinsberg 1', 'Nr. 120', 'Nr. 139', 'Nr. 26', 'Nr. 1247', 'Nr. 286' und 'Esterhazy II' haben sich besonders gut bewährt, genauso wie die besonders winterharten Sorten 'Alsoszentivan A 117', 'Tiscacsáesi T 83' und 'Milotai 10 M 10' aus Ungarn.

Adressen, die weiterhelfen

Deutsche Gartenbau-Gesellschaft
1822 e.V.
Webersteig 3
78462 Konstanz
www.dgg-1822.de

Zentralverband Gartenbau (ZVG)
Godesberger Allee 142–148
53175 Bonn
www.g-net.de

Vereine und Verbände

Bundesverband Deutscher Gartenfreunde
Platanenallee 37
14050 Berlin
www.kleingarten-bund.de

Landesverband Niedersächsischer Gartenbauvereine
Bückeburger Str. 11
31655 Stadthagen

Landesverband Hessen für Obstbau, Garten und Landschaftspflege
Finkenweg 19
35606 Solms

Landesverband der Gartenbauvereine Westfalen-Lippe
Postfach 1444
48565 Steinfurt

Verband Rheinischer Gartenbauvereine
Gartenstr. 11
50765 Köln

Bundesverband Dt. Gartenfreunde
Steinerstr. 52
53225 Bonn

Landesverband der Gartenbauvereine Saar/Pfalz
Kaiserstr. 77
66133 Saarbrücken-Scheidt

Baden-Württembergischer Landesverband für Obstbau,
Garten und Landschaft
Klopstockstr. 6
70193 Stuttgart

Bayer. Landesverband für Gartenbau und Landespflege
Herzog-Heinrich-Str. 21
80336 München

Bundes-Obstbauverband Österreichs
Gumpendorferstr. 15/2/2
A-1060 Wien

Pflanzenliebhaber-Gesellschaften

Pomologen-Verein e.V.
Brünlasberg 52
08280 Aue
www.pomologen-verein.de

Deutsche Kameliengesellschaft
c/o Gerhard Kasimir
Stahlbühlring 96
68526 Ladenburg

Gesellschaft der Heidefreunde
c/o Jürgen Schröder
Lütjenmoor 66
22850 Norderstedt

Deutsche Efeu-Gesellschaft
c/o Robert Krebs
Hauptstr. 48
24890 Stolk

Deutsche Rhododendron-Gesellschaft
c/o Julia Westhoff
Marcusallee 60
28359 Bremen
www.bremen.de/info/stadtgruen/DRG

Deutsche Fuchsien-Gesellschaft
c/o Hubertus Gog
Henriette-Fürth-Str. 29
60529 Frankfurt
www.deutsche-fuchsien-ges.de

Europäische Lilien-Gesellschaft
c/o Holger Kühne
Chemnitzer Str.
04703 Leisnig
www.liliengesellschaft.org

Deutsche Orchideen-Gesellschaft
c/o Gerd Röllke
Flößweg 11
33758 Schloß Holte-Stukenbrock
www.orchidee.de

Gesellschaft der Wassergarten-freunde
c/o Theo Germann
Am Rübsamenwühl 22
34233 Fuldatal-Rothwesten

Deutsche Dahlien-, Fuchsien- und Gladiolen-Gesellschaft
c/o Bettina Verbeek
Maasstr. 153
47608 Geldern-Walbeck
www.ddfgg.de

Europäische Buchsbaum- und Formschnitt-Gesellschaft
c/o Raphael Witte
Oberstr. 36
52349 Düren

Europäische Bambus-Gesellschaft
c/o Edeltraud Weber
John-Wesley-Str. 4
63584 Gründau 2 Rbn.
www.bambus-deutschland.de

Gesellschaft der Staudenfreunde
Geschäftsstelle
Eichenstr. 5
67259 Beindersheim
www.gds-staudenfreunde.de

Internationale Clematis-Gesellschaft
c/o Walter Hörsch
Hagenwiesenstr. 3
73066 Uhingen

Deutsche Kakteen-Gesellschaft
c/o Martin Klingel
Oos-Str. 18
75179 Pforzheim
www.DeutscheKakteenGesellschaft.de

Verein Deutscher Rosenfreunde
c/o Hanni Bartetzko
Waldseestr. 14
76530 Baden-Baden
www.rosenfreunde.de

Deutsche Dendrologische Gesellschaft
c/o Ursula Müller
Auf den Steg 40
54311 Trierweiler
www.ddg-web.de

European Palm-Society
c/o Tobias W. Spanner
Tizianstr. 44
80638 München
www.palmsociety.org

Deutsche Bromelien-Gesellschaft
Steiler Weg 13
57076 Siegen

Informationsstellen und Fortbildungsstätten

Gartenakademie – Fachschule
für Gartenbau
Soebrigener Str. 3 a
01326 Dresden-Pillnitz

Lennée Akademie für Gartenbau
und Gartenkultur
Ministerium für Ernährung, Landwirtschaft und Forsten
Heinrich-Mann-Allee 103
14473 Potsdam

Schulungszentrum für
naturgemäßen Land- und
Gartenbau
Poppenbüttler Hauptstr. 46
22399 Hamburg

Hessische Gartenakademie –
Lehr- und Versuchsanstalt für
Gartenbau
Oberzwehrener Str. 103
34132 Kassel
Tel. 05 61/4 09 09-0

Bildungsstätte des deutschen
Gartenbaues
Gießener Str. 47
35305 Grünberg

Gartenbauzentrum Köln-
Auweiler
Gartenstr. 11
50765 Köln-Auweiler
Tel. 02 21/53 40 20-0

Hessische Gartenakademie,
LVG Wiesbaden
Am Kloster Klarenthal 7 a
65195 Wiesbaden
Tel. 06 11/9 46 81-0

Saarländische Gartenakademie, Landwirtschaftskammer
Lessingstr. 12
66121 Saarbrücken
Tel. 06 81/6 65 05-0

Informationsstelle der
Versuchsanstalt für
Gartenbau an der
FH Weihenstephan
Am Staudengarten 9
85354 Freising
Tel. 0 81 61/7 1-45 41

Bayer. Gartenakademie –
Bayer. Landesanstalt für
Weinbau und Gartenbau
An der Steige 15
97209 Veitshöchheim
Tel. 0 18 04/98 01 14

Amtliche Pflanzenschutzberatung

Sächsische Landesanstalt für Landwirtschaft
Fachbereich Integrierter
Pflanzenschutz, Referat 63
Alttrachau 7
01139 Dresden
Tel. 03 51/85 30 40

Pflanzenschutzamt Berlin
Mohriner Allee 137
12347 Berlin
Tel. 0 30/70 00 06-0

Landesamt für Ernährung, Landwirtschaft und Flurneuordnung, Dezernat Pflanzenschutz
Ringstr. 1010
15236 Frankfurt (Oder)/Markendorf
Tel. 03 35/52 17-622

Landespflanzenschutzamt
Graf-Lippe-Str. 1
18059 Rostock
Tel. 03 81/4 91 23-31 und -33

Institut für Angewandte Botanik, Abt. Pflanzenschutz
Marseiller Str. 7
20355 Hamburg
Tel. 0 40/4 28 38-0

Pflanzenschutzamt
Westring 383
24118 Kiel
Tel. 04 31/8 80 13 02

Senator für Umweltschutz und Stadtentwicklung, Pflanzenschutzdienst
Große Weidestr. 4–16
(Postanschrift: Hanseatenhof 5)
28195 Bremen
Tel. 04 21/3 61 25 75

Lehr- und Versuchsanstalt für Gartenbau
Heisterbergallee 12
30453 Hannover
Tel. 05 11/40 05-152

Landespflanzenschutzamt
Lerchenwuhne 125
39128 Magdeburg
Tel. 03 91/25 69-450 bis 453

Pflanzenschutzamt der Landwirtschaftskammer Rheinland
Siebengebirgstr. 200
53229 Bonn
Tel. 02 28/43 42-150 und -152

Landesanstalt für Pflanzenschutz und Pflanzenbau
Essenheimer Str. 144
55128 Mainz-Bretzenheim
www.pflanzenschutzdienst.de

Hess. Gartenakademie
Am Kloster Klarenthal 7 a
65197 Wiesbaden
Tel. 06 11/9 46 81 17

Pflanzenschutzamt Saarbrücken
Lessingstr. 12
66121 Saarbrücken
Tel. 06 81/6 65 05-38

Landesanstalt für Pflanzenschutz
Reinsburgstr. 107
70197 Stuttgart
Tel. 07 11/6 64 24 40

Bayrische Gartenakademie
An der Steige 15/Postfach 1140
97205 Veitshöchheim
Tel. 08 00/9 80 11 47

Thüringer Landesanstalt für Landwirtschaft, Sachgebiet Pflanzenschutz
Mittelhäuser Straße
99189 Erfurt-Kühnhausen
Tel. 03 62 01/81 70

Register

Abutilon 56
Abzugslöcher 38
Acer ginnala 83
– *pseudolplatanus* 83
Agapanthus 56
Ageratum 39
Ahorn, Berg- 83
–, Feuer- 83
Algen 17, 67, 82
Algenkalk 99
Allium-Arten 65
Alpenveilchen 15, 24, 25
–, als Schnittblume 8, 11
Amaryllis 31
Ananas 32
Anemone 65
–, als Schnittblumen 7
Antreiben 9
Anzuchterde 45, 90
Anzuchttermine, Gemüsebau 101
Apfel 10, 102
Apfelbäume, Unterlage 103
Apfelsinenbäumchen 53
Aralie 15, 55
Argyranthemum 56
Astschere 104
Azalee 19, 20, 26, 30

Balkonkästen 36, 38
Balkonpflanzen 14, 36 ff.
– düngen 43
Bananen 34
Barbara-Zweige 9
Basilikum 94
Bastard-Mehlbeere 83
Bäume 76 ff.
Baumhasel 83
–säge 104
–wolle 34
Beet-Begonien 39
Beetrosen 60
Befestigungsbänder 50
Begonie, Knollen- 39
–, Beet- 39
Berberis 84
– *thunbergii* 83
– *vulgaris* 83
Berberitze 83
Berg-Ahorn 83
Bergpalme 54
Bienen 36, 42, 43
Bindesalat 101
Biologische Schädlingsbekämpfung 97
Biotonne 97
Birkenfeige 17
Birne 10, 102
Blattgrün 27
Blattknospen 10
Blattläuse 28, 43, 51, 105
Blaustern 36, 40, 65
Bleiwurz 48, 54
Blumenerde 17, 38
Blumen-Hartriegel 83, 84
Blumenkästen 37
–kohl 88, 95, 101
–rohr, Indisches 52
–sträuße 6 ff.
–wiese 42, 75
–zwiebeln 40, 65
Blüten konservieren 12
Blütenknospen 9, 10
–stiele 6
–zweige 9
Bohnen 88
–, Busch- 87, 95
–, Feuer- 42
–, Stangen 87, 88, 95
Bohnenkraut 94
Bougainvillee 55, 56
Brennnesselpulver 98
Brokkoli 86, 101
Brombeeren 106
Bromelie 19
Brugmansia 56
Bubikopf 15
Buchsbaum 77
Buschbohne 87, 95

Calamondin-Orange 53
Callicarpa 84
Canna 52
Chaenomeles 84
Chinakohl 101
Christrosen, als Schnittblumen 7
Chrysantheme 36, 48
–, als Schnittblumen 7
Citrus limon 56
– x *aurantium* 56
Clematis 79, 80
Collembolen 19
Cornus alba 83
– *florida* 84
– *sanguinea* 63

Corylus avellana 83
– *colurna* 83
Cotoneaster 37, 84
Crataegus 84

Dahlien 43, 58
– überwintern 46
Dattelpalme 56
Dickenwachstum 50
Dieffenbachie 17, 28
Dill 87, 94
Drachenbäume 17
Drucksprayer 22
Düngen, Balkonpflanzen 43
–, Obstgehölze 105
–, Rasen 70
Dünger 14
–, Langzeit- 43
–, organische 57
–, Vorrats- 43

Eberesche 8, 3, 86
Edelrosen 60
Edelweiß 37
Edel-Wicke 42
Efeu 15, 37, 79, 80
Eisheilige 30
–salat 101
Endivie 87, 101
Engelstrompete 48, 54, 56
Engerling 73
Enzian 37
Erbse 87, 88, 91, 95
Erdbeere 87, 96
Erdorchideen 29
Eriken 36
Eriobotrya 56
Ernterückstände 97
Estragon 93
Ethylen 33
Euonymus 84
Euryops 56

Farne 15
Farnwurzeln 29
Fassaden 79
Feige 48, 52
Feldsalat 95
Fenchel 87
Fensterblatt 16
Fertigerde 38
Fette Henne 37
Feuer-Ahorn 83
Feuerbohne 42
–dorn 84
Fichte 78
Flechten 82
Flieder 7, 11
Florfliegen 62
Forsythien 10
Frischhaltemittel 6
Fruchtwechsel 86
Frühjahrsblüher 9, 73
Frühkohl 101
Fuchsie 36, 39, 43, 48, 56
– überwintern 46, 50

Gardenie 55
Gartenerde 38
–kresse 88
–teich 67
Gazanien 39
Gehölze, Nutzwert für Vögel 83
Gehölzpflanzungen 81
Gelbtafeln 51
Gemüse 43, 85 ff.
–, für Schatten 86
Gemüsebau, Faustzahlen 95
–fliege 100
–garten, Größe 85
Geranien (siehe auch Pelargonien) 39, 56
– überwintern 44
Gliederkaktus 26
Glockenrebe 39, 41
Granatapfel 48
Gras 97
Grassoden 88
Grundstücksgrenze 82
Grünkohl 95, 101
Grünpflanzen 15, 23
Gummibaum 14, 16, 21, 26, 28
Gurke 87, 88, 95

Haftscheiben 80
Hagebutten 64
Hahnendorn 84
Hartriegel, Blumen- 83
–, Weißer 83
Haselnuss 10, 83
Hauswurz 37
Hecke 82
Heckenkirsche 84
Heliotrop 39
Hibiscus 56
Hibiskus 48, 55
Himbeeren 108
Hippophae 84
Hochstämmchen 48
Hochstammrosen überwintern 62
Hortensie 19, 20
Hügelbeet 88
Hummeln 36, 42
Humus 19

Hyazinthe 36, 40
Hydrokultur 17, 18
Hydrokultur 30

Ilex, Stechpalme
77, 78, 84
Immergrüne 38, 77
Impatiens,
Neuguinea- 40
Iris 40, 74
–, Holländische 65

Johannisbeeren 107
–gallmilbe 107
Juniperus 83
– *chinensis* 83
– *communis* 83

Kaffee 34
Kaiserkrone 65
–winde 41
Kakteen 31, 32, 66
Kaktus, Glieder- 26
–, Oster- 26
–, Weihnachts- 26
Kalebasse 42
Kallus 104
Kamelie 20, 33
Kapuzinerkresse 63, 105
Karotte 87, 95
Kartoffeln 87
Kerbel 93, 94
Kiefern 78
Kieselgel 12
Kirsche 10, 102
Kiwi 109
Klatschmohn 42
Klettergehölze 79
–hilfe 80
–hortensie 79
–rosen 61
–schneiden 61

Klivie 32
Knoblauch 87
Knöllchenbakterien
91
Knollen-Begonie 39
– antreiben 47
– vermehren 47
Knollenfenchel 101
Kohl 87, 99
–gemüse 95
–hernie 99
–rabi 86, 88, 88,
93, 101
Kokos-Pälmchen 54
Koniferen 76
Kopfkohl 95
–salat 87, 95, 101
Kornblume 42
Kräuter 93
– konservieren 93 f.
–brühe 97, 98
–jauche 97, 98
–tee 97, 98
Krokus 36, 40,
65, 74
Kübelpflanzen 48 ff.
– überwintern
54 f., 56
–, Rückschnitt 55
Kürbis, Zier- 42, 94
Kurztagpflanzen 90

Lampenputzer 55
Langtagpflanzen 90
–zeitdünger 43
Lantana 56
Lärche 78
Latsche 37
Laube 41
Lauch 86, 87, 100
Laurus 56
Lavendel 37, 63, 96

Leberbalsam 39
Leguminosen 91
Leimring 105
Leitungswasser 20
Licht 14
Liebesperlenstrauch
84
Liebstöckel 93
Lobelien 39
Lonicera 84
Lorbeer 48, 56
-kirsche 77, 78
Luftfeuchtigkeit
22, 35
Luftverschmutzung
20

Mais 88
Majoran 94
Malus 84
Mangold 87
Mantelhaken 104
Margerite 39, 56
-bäumchen 54, 55
Marienkäfer 43, 62
Märzenbecher
40, 74
Maulwurf 72
–grillen 73
Meerrettich 87
Mehlbeere,
Bastard 83
Mehltau, Stachel-
beer- 107
Meisen 62
Melonen 94
Milchstern 65
Mischkulturen 86, 87
Möhre 88
Monilia 104
Moorbeetpflanzen 20
Moos 21, 82

– im Rasen 69
Mulchen 74, 81, 97
Myrte 48

Nachbarschaftsrecht 82
Nacktschnecken 73
Nadelgehölze 37, 76
–, Zwergformen 36
Narzisse 36, 40, 65, 74
–, als Schnittblumen 8
Nerium 56
Neuguinea-Impatiens 40

Obst 10, 43, 102 ff.
Obstgehölze, Düngen 105
–, Schädlinge 105
Obstschnitt 102
Ohrenkneifer 58, 62
Ölbaum 55, 56
Olea 56
Oleander 48, 53, 54, 56
Opuntien 66
Orange 56
Orchideen 29
–, Erd- 29
Osterglocken, als Schnittblumen 8
–kaktus 26

Palmen 48, 55
Pampasgras 66
Pantoffelblumen 39, 43
Paraffinöl 106
Pelargonien 36, 39, 43, 56
– überwintern 44
Petersilie 87, 92, 94
Petunien 36, 39, 43
Pfaffenhütchen 84
Pfirsich 10
Pflanzenleuchten 15
Pflanzenschutzmittel 19
Pflanztermine, Gemüsebau 101
Pflaumenbaum 102
Pflücksalat 86, 87, 88, 101
Phoenix 56
Pilzkrankheiten 63, 64
Porree 86
Prärielilie 65
Primeln 36, 73
Prunus padus 83
– serotina 83
Pyracantha 84

Quecke 58

Radieschen 87, 88, 95
Rankpflanzen 41
Ranunkeln, als Schnittblumen 7
Rasen 68 ff.
– anlegen 68
– düngen 70
– vertikutieren 68
–, Wasserbedarf 72
–schnitt 74
Regenwasser 20
Reisig 41
Rettich 87, 95, 100
Rhabarber 86, 87, 92
Rhododendron 77, 78
–, Schnitt 79
Rindenmulch 41
Rosa 84
Rosen 57 ff.
– pflanzen 59 f.
– schneiden 60 f.
–, Schnitt- 10
–eibisch 56
–kohl 95, 101
–strauß 10
Rüben 87
Rückschnitt, von Gehölzen 76
Rutensterben, bei Himbeeren 108
Rutschgefahr 82

Salat 88, 93, 101
–, Feld- 95
–, Kopf- 87, 95
–, Pflück- 86, 85, 88
Salat, Schnitt- 86, 88
Salbei 94
Sanddorn 84
Sanseviere 19
Sauerdorn 84
Sauerkirschbaum 103
Schachtelhalm-Extrakt 98
–Tee 64
Schadinsekten 44
Schädlinge an Obstgehölzen 105
Schädlingsbekämpfung ohne Gift 51, 97
Schein-Quitte 84
Schildläuse 53
Schimmel 17
Schlitzfolie 100
Schmetterlinge 36, 42

Schmetterlingsblütler 91
Schmucklilie 48, 56
Schnecken 57
Schneeball 58
Schneebeere 86
Schneeglanz 36, 65
Schneeglöckchen 40, 65, 74
Schnitt, Obstgehölz- 102
Schnittblumen 6, 7
–lauch 88, 93, 94
–rosen 10, 61
–salat 86, 88
Schönmalve 55, 56
Schwarzäugige Susanne 39
Schwarzwurzeln 87
Schwebfliegen 62
Seerosen 67
Sellerie 87, 88, 93, 101
Sichtschutz 82
Sommerblumen 36, 42
Sorbus 86
– *aucuparia* 83
– x *hybrida* 83
Spalier 41, 80
Spätkohl 101
Speziallampen 16
Spielrasen 71
Spinat 86, 87
Springschwänze 19
Stachelbeeren 107
Stachelbeermehltau 107
Stangenbohne 87, 88, 95
–sellerie 101
Stauden 37, 57 ff., 65
Stechpalme 84
Stecklinge 45
Steinmehl 63
Sternrußtau 63
Stiefmütterchen 36, 66
Sträucher 76 ff.
– pflanzen 76
Strauchmargerite 56
Styromull 29
Sukkulente 19
Sumpfzypresse 78
Susanne, Schwarzäugige 39
Symphoricarpus 86

Tagetes 63
Tanne 78
Tausendschön 73
Teppichspindel 37
Termine, Anzucht 101
–, Pflanzen 101
Thymian 94
Tibouchina 56
Tomate 87, 88, 91, 95
Topferde 17
Torfmoos 29
Traubenhyazinthe 65
–kirsche 83
–mücken 51
Trockenblumen 12
Trompetenblume 79
Tulpe 36, 40, 65
–, als Schnittblumen 7, 8

Überwinterung von Dahlien 46
– von Fuchsien 46, 50
– von Geranien 44
– von Hochstammrosen 62
– von Kübelpflanzen 54 f., 56
– von Pelargonien 44
Umtopfen 17
Umwälzpunpe 23
Unkraut 58, 97
Unterlagen, für Apfelbäume 103
Urlaub 21
–, Garten vorbereiten 100
Urlaubsversorgung 21
Urweltmammutbaum 78
Usambaraveilchen 16, 21, 22, 27

Vanilleblume 39
Vasen 6
Vergissmeinnicht 36
Vermehrung
von Knollen-Begonien 47
Vertikutieren 68
Viburnum 84
Vorratsdünger 43

Wacholder 79, 83
Wachstumsfaktoren 15
Walnussbaum 109
Wandelröschen 48, 56
Wärme 14, 35
Wasser 14
–spender 21
–sprüher 22
–versorgung, um Urlaub 21
–wechsel bei Schnittblumen 7
Wegplatten 82

Weidenkätzchen 10
Weihnachtskaktus 26
Wein, Wilder 79, 80
Weiße Fliege 51
Weißer Hartriegel 83
Weißkohl 101
Wicke 39, 42
Wiesenblumen 75
Wilder Wein 79, 80
Wildrose 84
Winden 58
Winterheide 37
Winterling 40
Winterschutz, für Balkonkästen 41
Wirsing 101
Wollmispel 56
Wundränder 104
Wurzeln 18

Zier-Äpfel 10, 84
Ziergehölze mit Fruchtschmuck 84
Zier-Kirsche 10
–kürbis 42, 94
–Quitte 10
Zimmergewächshaus 34
–pflanzen 14 ff., 23, 24, 28
–tanne 15
Zitrone 53, 56
Zitrus 53
Zucchini 86, 87, 88
Zuckerhut 101
–mais 88
Zwergkiefer 37
–mispel 84
Zwiebel 87, 88, 95, 100
–blumen 36

Mit 42 Illustrationen von Klaus-Martin Grebe und einer Illustration von Folko Kullmann: Seite 89

Umschlaggestaltung von Atelier Reichert, Stuttgart, unter Verwendung eines Fotos von Gartenschatz, Stuttgart und einer Illustration von Klaus-Martin Grebe

Texte von Karlheinz Jacobi unter Mitarbeit von Antonius Bösterling und Heinz-Dieter Meier. Überarbeitet und ergänzt von Heinrich Kuhnhäuser

Alle Angaben in diesem Buch sind sorgfältig geprüft und geben den neuesten Wissensstand bei der Veröffentlichung wieder. Da sich das Wissen aber laufend in rascher Folge weiterentwickelt und vergrößert, muss jeder Anwender prüfen, ob die Angaben nicht durch neuere Erkenntnisse überholt sind. Dazu muss er zum Beispiel Beipackzettel zu Dünge-, Pflanzenschutz- bzw. Pflanzenpflegemitteln lesen und genau befolgen sowie Gebrauchsanweisungen und Gesetze beachten.

Gedruckt auf chlorfrei gebleichtem Papier

ISBN 978-3-440-11263-2
Redaktion: Dr. Folko Kullmann
Gestaltungskonzept: Ralf Paucke
Produktion: DOPPELPUNKT Auch & Grätzbach GbR, Stuttgart
Printed in The Czech Republic / Imprimé en République Tchèque